# 去情绪化管教

## NO-DRAMA DISCIPLINE

The Whole-Brain Way to Calm the Chaos and Nurture Your Child's Developing Mind

帮助孩子养成
高情商、
有教养的大脑

[美]
丹尼尔·西格尔
Daniel J. Siegel
蒂娜·佩妮·布赖森
Tina Payne Bryson
著

吴蒙琦 译

机械工业出版社
CHINA MACHINE PRESS

Daniel J. Siegel, Tina Payne Bryson. No-Drama Discipline: The Whole-Brain Way to Calm the Chaos and Nurture Your Child's Developing Mind.

Copyright © 2014 by Mind Your Brain, Inc., and Bryson Creative Productions, Inc.

Chinese (Simplified Characters only) Trade Paperback Copyright © 2025 by China Machine Press.

This edition arranged with Bantam Books through Big Apple Tuttle-Mori Agency, Inc. This edition is authorized for sale in the Chinese mainland (excluding Hong Kong SAR, Macao SAR and Taiwan).

No part of this book may be reproduced or transmitted in any form or by any means, electronic or mechanical, including photocopying, recording or any information storage and retrieval system, without permission, in writing, from the publisher.

All rights reserved.

本书中文简体字版由 Bantam Books 通过 Big Apple Tuttle-Mori Agency, Inc. 授权机械工业出版社在中国大陆地区（不包括香港、澳门特别行政区及台湾地区）独家出版发行。未经出版者书面许可，不得以任何方式抄袭、复制或节录本书中的任何部分。

北京市版权局著作权合同登记　图字：01-2015-2040 号。

## 图书在版编目（CIP）数据

去情绪化管教，帮助孩子养成高情商、有教养的大脑 /（美）丹尼尔·西格尔（Daniel J. Siegel），（美）蒂娜·佩妮·布赖森（Tina Payne Bryson）著 ； 吴蒙琦译. -- 北京 ： 机械工业出版社，2024. 3（2025. 10 重印）

书名原文： No-Drama Discipline: The Whole-Brain Way to Calm the Chaos and Nurture Your Child's Developing Mind

ISBN 978-7-111-75123-6

Ⅰ. ①去… Ⅱ. ①丹… ②蒂… ③吴… Ⅲ. ①家庭教育 Ⅳ. ① G78

中国国家版本馆 CIP 数据核字（2024）第 046445 号

机械工业出版社（北京市百万庄大街 22 号　邮政编码 100037）
策划编辑：胡晓阳　　　　　　　　责任编辑：胡晓阳
责任校对：张雨霏　杨　霞　景　飞　责任印制：单爱军
保定市中画美凯印刷有限公司印刷
2025 年 10 月第 1 版第 2 次印刷
147mm×210mm · 9 印张 · 1 插页 · 198 千字
标准书号：ISBN 978-7-111-75123-6
定价：59.80 元

| 电话服务 | 网络服务 | |
|---|---|---|
| 客服电话：010-88361066 | 机　工　官　网： | www.cmpbook.com |
| 　　　　　010-88379833 | 机　工　官　博： | weibo.com/cmp1952 |
| 　　　　　010-68326294 | 金　书　网： | www.golden-book.com |
| 封底无防伪标均为盗版 | 机工教育服务网： | www.cmpedu.com |

**开卷之前**

## 一个问题

就在突然之间，一只碗被扔出厨房，里面的牛奶和脆谷乐麦圈拍花了整面墙。

莫名其妙地，被涂成蓝色的狗狗从后院跑过来了。

你的某个孩子威吓了他的弟弟妹妹。

这是本月第三次接到来自校长办公室的电话了。

你该怎么办？

在回答这些问题之前，我们希望你能够完全抛开之前对于管教这个词的所有认识。忘记这个词的意思，忘记在孩子做了不应该做的事情时，你耳闻目睹的那些家长的反应吧。

反躬自问：在管教孩子这个问题上，你是否愿意至少动脑筋想想有没有其他方法？某种能够帮助孩子立即表现良好，并且从长远角度来看，能够使他们成为快乐、成功、温和、可靠且自律的优秀人才的方法？

如果你愿意，那么，我们也愿意将这本书献给你。

## 前言

## 关系导向的、去情绪化的管教：
## 鼓励孩子合作，构建孩子的大脑

你不是一个人。

如果你苦于该如何让孩子们少斗嘴或者说话有礼貌些；如果你不知道该怎样管住学步儿童攀爬架子床的痒痒心，或者不知道该怎样让他们在应门之前把衣服穿好；如果你因为有些话需要重复无数遍（"快点啊，上学要迟到啦"），或者因为无法停止孩子们在睡前、写作业以及看电影时的闹腾而感到沮丧；如果你有过以上的任何一种苦恼，那么你先得明白，你不是一个人。

事实上你的情况一点都不特殊。你的身份是什么？家长。首先，你是一个人；其次，你是一个家长。

管教孩子绝不是一件容易的事。这个过程太容易发展成这样一种情况：孩子们做了不该做的，然后我们抓狂了，然后他们伤心了，然后我们气得眼泪掉下来（有时候，掉眼泪的是孩子）。

这个过程令人劳心费力，大动肝火。想想吧，咆哮、受伤、内疚、心痛、情感连接被破坏——好一出冲突迭起、精彩纷呈的戏啊。

你是否曾经觉得与孩子交流极其艰难？在那之后，你是否问过自己："我就不能做得好点吗？我就不能好好地控制自己，做个称职的家长吗？我就不能让局面冷静下来再谈管教，以免火上浇油吗？"你想制止他们的不当行为，但你又想在重视且增进亲子关系的前提下来对他们的行为做出反馈。你想巩固，而不是损害你们之间的感情。你想让这个过程尽量少点冲突和情绪。

你可以的。

事实上，本书的核心观点就在于此：**你的管教里可以既充满尊重和爱，又有着清晰一致的行为界限。换句话说，你完全可以做得更好。**珍视感情，强调尊重，摒弃冲突，拒绝情绪化：你可以这样管教孩子。在这一过程中，你能促进良好亲子关系的形成；你能帮助提高孩子的决策能力、共情能力；你能使他们朝着成功和幸福的人生方向前进。

我们已与遍布世界的数以万计的家长倾谈过，我们教给他们有关大脑以及它对亲子关系影响的基本知识，我们也看到了家长们是多么渴望学会如何有礼有节地校正孩子的行为。家长已倦于大吼大叫，倦于让孩子们伤心失望，倦于眼睁睁地看着他们继续做错事。家长们清楚眼下使用的管教办法是他们打心眼里不愿意用的，但是他们不知道还有什么更好的办法可以取而代之。他们想要以一种温和而慈爱的办法来管教孩子，但是想要用温和慈爱来让孩子听话是那么费劲又收效甚微。家长们需要这样一种管教方法：既有效，又要让大家感觉良好。

在这本书里，我们会给大家介绍什么叫作去情绪化的、全脑的管教方法。针对如何去除老派管教里那些典型的冲突和情绪化的成分，我们有一套准则和策略。如此一来，家长就变得好当了，教育也会更有成效。更重要的是，你将在增进亲子关系的同时，帮助孩子们在大脑里建立起与情绪和社交技能有关的情感连接，这样的连接能够使他们受益终身。我们希望你明白，那些被称为管教的时刻，实际上是教育过程里最为重要的时刻：这种时刻最适合磨炼孩子。这样的时刻一定会来临，而当它来临时，你得明白，我们不要充满愤怒、沮丧和各种情感冲突的可怕训诫，我们应该把这种时刻看作与孩子建立情感连接，并以对孩子和整个家庭有利为前提来引导其行为的大好机会。

如果你从事着教师、理疗师、教练或者顾问这样负责指导孩子健康成长的职业，你会发现这些方法其实也同样适用于你的班级、病患和团队。近来的大脑研究成果让我们对孩子本身、孩子的需要以及如何以最优的方式培养孩子、促其成长等问题有了更深刻的了解。这本书要献给所有关爱孩子，并有兴趣以爱、科学和效率来制定策略，辅助孩子健康成长的人。虽然通观全书，"家长"（parent）这个名词最为常用，但是这本书也同样适用于所有爷爷奶奶、老师或其他在孩子的人生中扮演重要角色的人[一]。从开始养育孩子的那天起，抚育者就该互相交流心得经验，这也是我们普及这些知识的意义所在。抚育者应该做到这两点：首先，与孩子间的交流应该更具目的性；其次，必要时的管教要能够提高孩子的能力，培养亲子间的感情。我们

---

[一] 这些人在本书中统称为抚育者。——译者注

衷心希望，每一个孩子都能有很多这样的抚育者。

## 重新称其为"管教"

让我们从"管教"这件事的实际目的说起吧。面对孩子的不当行为，你想做点什么？对他们行为的回应等同于你的终极目的吗？或者换句话说，你的目的就是惩罚吗？

当然不是啦。虽然生气的时候我们总想惩罚一下孩子，怒气、急躁、沮丧或者仅仅是不确定的感觉就会让我们感到生气，这再正常、再普遍不过了。但只要我们冷静下来，把乱糟糟的情况稍稍整理一下，就能意识到：惩罚绝不是我们的最终目的。

所以我们到底想怎样呢？管教的目的到底是什么？

我们先来看看这个词的定义。管教（discipline）这个词源于拉丁语中的"disciplina"，远至11世纪前，这个词的原义是教、学以及指导。简单来讲，刚被引进英语中时，这个词的意思是"教"。

可是现在，大部分人一提到"管教"，就只会把它和"惩罚"以及"后果"联系起来。有位妈妈有个一岁半大的儿子，于是有一次，她问丹尼尔："我一直致力于教导山姆，什么时候我才能开始管他呢？"这位妈妈意识到她需要约束孩子的行为，而且她认为"管"就意味着"惩罚"。

希望你能在往下读时，牢记这一点：任何一次对孩子的管教，其最终目的都不是给予惩罚或类似的回应，而是"教"。"discipline"这个词的词根是"disciple"，意思是学生。接受管教的学生不是接受惩罚的囚犯，他们只是需要通过教导来获得长进。惩罚也许见效很快，但只有教育才能春风化雨，使孩子受用终身。

我们考虑了很久是否在本书书名里使用"管教"一词。其实我们一开始并不知道该如何称呼这样一种教育实践：它在给孩子设定行为界限的同时又始终照顾到其情绪，它的重点在教导孩子，与他们合作，从而帮助他们构建起决策能力。最后我们决定，还是称其为"管教"，并且要找回它的本意——"教"。我们得彻彻底底地把整个讨论重新审视一遍，将**管教**和**惩罚**区分开来。

**首先，抚育者应该把管教看作他们能馈赠给孩子的最有爱和营养的东西。**孩子们必须**学会**抑制冲动、管理愤怒以及思量自身行为对他人造成的影响。这些生活和人际方面的能力对于每个人来说都是不可或缺的，如果你能教会他们，那你对他们，对整个家庭，甚至对这个世界，都是功德无量的。这样说一点都不夸张。在接下来的篇章里，我们将经常讨论到**去情绪化管教**，这种教育方式能帮助孩子健康成长，增进其自控能力，培养其尊重他人的意识，鼓励其参与深入的人际交往，最终成为一个德行良好的人。这样的一代人有了子嗣之后，自然将这些珍宝般美好的德行和能力传给后代，子子孙孙无穷尽，这便是你带来的无量功德。

让我们从重新思考"管教"的要义开始。我们还是使用"管教"这个词，但这个词现在所涉及的是出于爱、尊重和情感连接的教导和能力培养，而非惩罚和控制。

## 去情绪化管教的双重目标

有效的管教应该达成两个基本目标。第一个目标即让孩子们听话，去做对的事情。孩子正在餐馆里乱丢玩具，或者蛮不讲理地拒绝写作业的时候，我们肯定只是希望他能表现得听话一点。别乱丢玩具，说话有礼貌点，把作业做完，仅此而已。

如果是小一点的孩子，那么为了达成第一个目标，你可能得要求他在过马路时牵住你的手，或者在杂货店的过道里，帮助他放下正甩来甩去的橄榄油瓶，诸如此类。而如果是大一点的孩子，你可能需要和他一起及时完成分内的家务，或者一起讨论，被取笑为"肥屁屁宅女"，姐姐可能会有怎样的感受，等等。

在本书中，我们将反复强调这一点：每一个孩子都是不同的，没有一种教育方法或策略是次次管用的。但是在上述所有状况中，显而易见，我们的目的就是让孩子们听话一点，行为合宜一些（如讲话要有礼貌，记得将脏衣服放到篓子里），以及避免去做不合宜的事情（包括攻击他人，玩别人在图书馆桌底下黏着的口香糖）。这就是管教的短期目标。

对许多人来说，达成这个短期目标他们就满足了。他们只想孩子停止做不该做的，开始做该做的，如此而已。这就解释了为什么我们经常会听到家长们怒喝一声"别这样"或者时不时来一句"我说怎样就是怎样"。

我们难道不想孩子们更听话吗？我们当然不愿任由孩子们放肆地挥舞着餐叉，把它假想为武器。我们当然想要孩子变得懂事有礼，而非粗鲁霸道。

所以，第二个目标也是至关重要的。第一个目标是短期的，第二个才是影响深远的。这一目标专注于开发孩子灵活对付各种复杂情境、约束负面情绪以免失控的能力。这种能力是深藏于内心的力量，它不仅能应付当下的困境，对之后生活中要面对的各种困难，它都有办法。第二个目标旨在培养自控力和道德判断能力，所以即使少了权威人物在身边，孩子们还是能表现得深思熟虑且认真负责。孩子们将成长为善良可靠的人，他们因自身的美德，可以享受成功的人际关系和有意义的生活。

我们将这种具体的管教方法称为全脑。家长们开动全脑时，能同时顾及即时的管教约束和长期的深层教导。接受这样教育的孩子也能因此学会开动全脑。

数代以来，各种指导孩子如何"正确成长"的教育理论层出不穷。有"不打不成器"学派，也有对立的"自由成就你我"学派。而在近几十年（包括"大脑的十年"⊖及往后的日子），对于大脑运作的问题，科学家已经有了可观的发现。这些发现极有助于我们了解什么是有爱、有礼、有原则的高效管教。

促进孩子成长的最好办法就是帮助他在全脑范围内建立那些有助于提高能力的大脑连接，而能力的提高意味着更和谐的人际关系、更健康的精神状态和更有意义的人生。你可以把这个过程称为大脑塑造、大脑培养或者大脑构建，什么都好。无论你使用什么词，其令人兴奋的点在于：有我们的一言一行相助，孩子的大脑机制真的会随着他们所遇见的新体验而发生改变，并如我们所期待的那样被构建起来。

**高效的管教不仅是制止不好的行为，提倡好的行为，还包括教会他各种能力，以及在孩子的大脑里建立各种连接，以使他将来能够拥有更好的决策能力和自控能力。** 他要达到能够不假思索地运用这些能力的境界，因为大脑连接就是这么工作的。

---

⊖ 1989 年，美国总统布什签署国会联合决议案，宣布 1990～2000 年为"大脑的十年"（Decade of the Brain），拨款数百万美元支持大脑研究，以提升社会大众对大脑研究的了解，世界卫生组织（WHO）与多国随之通过鼓励脑部研究的类似文件。此间大脑研究有了比较大的发展。——译者注

在这样的管教里，我们帮助孩子理解了什么叫情绪管理、冲动抑制、后果预测、与他人共情、做周详的决策，等等。大脑的发展最终能帮助孩子成为好朋友、好兄弟姐妹、好儿女、好的社会人，以及终有一天成为好父母。

这种管教方式还有一个大大的好处，那就是：越多用这种方法训练孩子的大脑，我们就越不用绞尽脑汁去取得使孩子听话的短期目标。让孩子听话和构建他们的大脑是全脑管教的双重目标，前者是浅层的，而后者是深层的。它们一起，给全脑管教指引了一条既充满爱又高效的路。记住，抚育孩子靠大脑！

**如何实现目标：对行为摇头，对孩子点头**

实现管教目的的最典型方法有哪些呢？不用说，自然是威胁和惩罚。孩子们做错事的那一瞬间，家长就会像条件反射一样地开火了。

XII

> 你的态度很不礼貌啊。那别玩了，早点睡觉去。

> 你怎么没等你姐姐呢？罚你一个星期不准打电玩！

孩子们做错事，家长们反馈，孩子们对家长的反馈进行反馈，周而复始。对许多（可能是绝大部分）家长来说，坐冷板凳㊀、打屁股、剥夺某些权利、禁足，诸如此类的惩罚（再点缀几声吼叫）就是他们默认的管教策略。无怪乎他们的管教场面是如此闹闹哄哄、哭哭啼啼了！但如果从一开始，你就采用了我们将要详述的这种管教方法，你会发现，很多激起惩罚的原因都是无谓的。

**进一步来看，在构建大脑和让孩子听话这两个方面，惩罚性的反馈帮的基本是倒忙。** 个人经验、临床试验和最近的大脑开发研究告诉我们，以直觉来反馈绝不是能达到管教目的的好办法。

那我们有什么好办法呢？简言之就是情感连接和理性引导。这两者是去情绪化管教法的基础。

## 情感连接和理性引导

重申一次：每一个孩子，每一次管教，都不可能一模一样。但是我们有个适用于任何交流的准则，那就是：要想管教有效，第一步都得与孩子建立情感连接。**我们所做的每一件事都应该从亲子间的关系出发。** 在玩闹谈笑乃至管教中，我们想让孩子们深深感受到爱。情感连接意味着不管我们是否赞成孩子们的行为，都得给予他们关注，带着尊重去聆听他们的话，要称赞他们的决策能力，要站在他们的立场上进行沟通。

我们在管教孩子的时候，其实是想深入他们的世界，我们

---

㊀ 冷板凳，译自英语"Time-out"，字面意思是工作或比赛中的暂停时间。它是流行于北美的一种管教方式。管教者命令孩子在某个角落、某个房间或类似地方独处，使其暂时与犯错误的环境隔离，来达到让其冷静并自省的效果。——译者注

想以此告诉孩子我们有多爱他们。而事实上，那些犯错的时刻，也经常是孩子最需要与家长建立情感连接的时刻。根据孩子的年纪、脾气、发展阶段和具体情境，我们也得变换自己的反应，但是亲子间到位的沟通和深入的情感连接必须贯穿管教互动的始终。培养情感总是比约束行为更重要。

**情感连接并不意味着放任纵容。** 在管教中重视情感连接不代表让他们为所欲为。正相反，真正的爱是给予他们真正需要的东西，其中就包含了给他们的行为设定明晰的界限，帮助他们规划不远的将来，以及始终对他们充满信心。孩子们需要知道在这个世界生存，什么可以做，什么不能。熟知游戏规则对他们在人际关系和生活的其他方面取得成功大有裨益。如果能在家庭教育里学到这些规则，那么他们离家之后也会知道该如何在规则里行事。重复的管教训练可以帮助孩子在大脑里建立与各种优良品质，比如延迟满足、压制过激反应、灵活处事而非一意孤行等有关的连接。不知界限在哪里是很给人压力的，背负压力的孩子会更逆反。所以对孩子说"不"，给他们划定界限，其实是帮他们在喧嚣的大千世界中，找到预见性和安全感。所以，我们得帮孩子在大脑里建立连接，使他们在未来生活里可以独立解决问题。

换句话说，**深入的、共情的情感连接可以也应该与那些严明的规则相结合，因为规则能够给孩子的人生搭起一个不可或缺的框架。** "理性引导"的必要性由此而来。如果我们已经与孩子建立了情感连接，已经帮助他们冷静下来，开始倾听并充分理解我们说的话了，接下来我们就能引导他们去做更得当的事情，帮助他们找到掌控自己的更好方法。

谨记这一点：在孩子情绪激动时，这种理性引导很难成功。只要孩子还不开心，他就不会想听你给他上什么课，那么惩罚和教导就一点用都没有。这就像教一只正在打架的狗如何安坐一样，绝对没戏。但如果你能让孩子冷静下来，他就会变得愿意接纳，并试图理解你所教导的东西。这比冷冰冰的惩罚和说教有效多了。

这就是为什么我们必须与孩子建立情感连接。也许有人会说：用尊重和爱来管教，听起来是很好啊。我也知道长期来看，这对孩子有好处，还能让管教本身变得容易点。但是我还得工作啊！而且我不止这一个孩子！我得给他们做饭，送他们练琴、练芭蕾、去少年棒球联盟……我已经快被这些事压得透不过气了！哪能找到那么好的时机搞什么情感连接和理性引导啊！

这样说也有道理，我们得工作啊，我们的另一半也得工作，还得承担身为家长所必须承担的各种任务，这并不轻松。但是，在把后文讲到的管教准则和策略付诸实践之后，我们发现去情绪化管教并不是特别供给拥有大把闲暇的家长的（真的有这样的家长吗）。全脑管教法不需要你腾出很多时间来和孩子讨论什么是对、如何做对。它只需要家长能抓住普通的、即时的管教时机去靠近孩子，教导他们那些重要的道理和技能。你也许觉得大吼一声"住嘴"或者"少发牢骚"，或是马上让孩子去坐冷板凳，较之与他们进行情感交流，更为快捷简单又有效。但我们马上要解释道：为什么照顾孩子的情绪感受能够让他们更快地冷静下来，变得听话，而不是因生硬的家长干预而气上一层楼。

接下来到最重要的部分了。在管教中，如果能避免那些吵吵嚷嚷、哭哭闹闹的情节，将充满爱的同理心与一致的行为界限相结合，那对大家都有好处。为什么这样说呢？首先，去情绪化的全脑管教法能让父母和孩子都轻松起来。在那些高度紧张的时刻，比如你的孩子正威胁着要把电视遥控器扔进厕所，而刚好你钟爱的电视剧几秒钟之后就播放大结局，在这千钧一发之际，你可以试图与他高层次的、理性的那部分大脑沟通，而不是去刺激低层次的、更加逆反的那部分（这里面的技术问题详见第3章）。这样你才能避开管教常引起的咆哮、哭闹、愤怒，避免遥控器进水，并成功地在第一辆救护车来临之前收看到你的电视剧。

简单来说，情感连接和理性引导能够帮助孩子从此成为更好的人，这点比避免情绪和冲突更加重要。孩子将会拥有受益终身的能力。他们不再那么逆反，变得更加有包容心，更加虚心向学（管教的浅层目标，即让孩子听话达到了），与此同时，在他们的大脑里，那些连接也搭建起来了。它们能帮助孩子越来越懂得如何自制，如何为他人着想，如何管理情绪，如何做出明智的决定。你现在就是在给他们装好这些可靠的机制。相较于简单地告诉他们该怎么做，或者要求他们无条件服从，你现在是在给他们提供增强执行力、共情心、个人洞察力和道德观念的机会。这就是我们所说的深层目标，即构建大脑。

科学研究结果清楚地揭示了那些在情感、人际关系以及教育水平等方面取得卓越成就的孩子，都有着情感连接做得很好、非常体贴，但又能对孩子纪律严明、满怀期待的家长。在原则问题不动摇的前提下，这些家长仍能通过沟通交流，向孩子传达爱、尊重与共情。自然，他们的孩子会更为快乐，功课表现更好，更少惹麻烦，与人交往也更是融洽。

当然，不是每一次管教都能完美结合情感连接和理性引导的。对自己的孩子我们也无法做到完美。但是我们越多地去进行情感连接和理性引导，在对孩子的不当行为做出的反馈中，情绪化的东西就会越少。甚至孩子也会有所收获，他们会有更好的人际关系和平息冲突的能力，随着他们的成长，我们之间的亲子关系也会变得更加坚实。

## 关于本书

如何制定一个更注重亲子关系而少引起情绪的管教策略？这是本书接下来要讨论的问题。第1章提出了关于管教的一些基本问题，这些问题能帮助你在谨记"去情绪化"策略的基础上甄选、开发自己的管教方法。第2章介绍了管教中的大脑开发情况及其职责。第3章专注于管教中的"情感连接"部分，强调了即使是在管教中，也得让孩子们明白我们的爱与接纳是贯穿始终的，因为他们是我们的孩子。第4章阐述了本书的主题，围绕通过情感连接来使孩子冷静下来，去倾听和学习，从而为做出更明智的短期决定和长远规划这个话题，提供了一些具体的策略和建议。

第5章的主题是理性引导。本章强调了管教的唯一要义（教），介绍了两个核心原则（即等待孩子准备好，保持一致但不刻板），以及三个预期成果（洞察力、共情心、修复能力）。第6章强调具体的引导策略，家长能据此达成即时的目标，既让孩子马上变得听话，又培养出他们的个人洞察力和人际共情心，使他们慢慢学会做出明智的选择。结语针对如何帮助家长摆脱管教带来的压力,给出了四点建议。正如我们将要阐明的那样,总有那么几次管教得不好,我们是人。世上没有所谓的"完美家长"。但如果我们能够给孩子示范如何面对自己的错误并对情感关系进行修复,那么对于不当行为的不完美反馈也是有其价值的,孩子们可以抓住这种机会学习如何对付麻烦的状况,从而开发出新的能力。(哟呵!)去情绪化管教无所谓完美。培养感情、修复不可避免要产生的裂痕才是重中之重。

书末收录了一些"延伸阅读"。我们希望这些附加信息能够于本书之外丰富你对情感连接和理性引导的了解,并将它们付诸实践。附录 A 叫作关于连接与引导的小贴士,本书中绝大部分重要的概念都会列举在此,目的是帮助你轻松地熟记去情绪化的核心原则和策略。如有需要,请把这一页打印出来,贴在冰箱门上,或者录进你的汽车收音机里,又或者放置在任何你觉得合适的地方都可以。

附录 B 叫作亲子教育专家的挫败时刻:你并不孤独,为人父母的笔者有时也不能自觉地采用去情绪化的、全脑的管教办法,也会抓狂和走歪路,这些故事都收录在本附录中。之所以拿来与读者分享,就是想告诉大家,没有人可以做到完美,我们所有人都会在孩子的问题上犯错。希望读者朋友在阅读的时候和我们一起笑笑就好,不要太苛责我们。

附录 C 是给抚育者的提示。家长可以将这几页拿给其他帮忙照看孩子的人读。我们中的大多数人有时候还是要依靠爷爷奶奶、保姆、朋友或者其他人来帮助照顾孩子。这份提示把去情绪化管教的核心原则简明扼要地列举出来,因此有点像附录 A,不同的是,它是给没看过本书的人准备的。有了这个附录,你就不用要求所有帮忙照看的人都买回并且熟读本书了（当然你要是真的想这么做，我们也是非常欢迎的）。

附录 D 是即使是最棒的家长也会犯的 20 条管教错误。这个清单能帮助你把后文讲到的各种准则和问题思考透彻。

最后，本书以对"全脑管教法"的说明做结尾。读了这部分说明，你就能更好地理解我们所说的从全脑角度来进行教育是怎么一回事。当然，读一读这部分说明不意味着就得吃透这里面的奥妙，但是如果你有兴趣往深处挖掘，学习其他关于儿童大脑构建的理论和方法，以帮助他们变得更为健康、快乐、坚韧，本部分是很好的导入。

总体而言，本书旨在传达一个信念，这一信念将会改变人们对管教的固有认识和操作：亲子交流中最不愉快的那个部分，即管教，其实可以是最有意义的部分，并且不会招致亲子双方的强烈冲突和逆反情绪。孩子的不当行为正好有助于你俩的情感连接以及他自身的大脑构建。而全脑管教的观点能使我们完全摒弃以前那种与犯错的孩子进行互动的方式，意识到此时正是培养孩子的能力，以使他们受益终身，同时也使家里其他人都感到轻松愉快的良机。

# 目录

开卷之前　一个问题

前言　关系导向的、去情绪化的管教：鼓励孩子合作，
　　　构建孩子的大脑

## 第 1 章　重新解读"管教" / 1

5　　三连问：为什么？是什么？怎么做

14　　不能与不想：管教不能一刀切

19　　屁股和大脑

23　　那么坐冷板凳怎么样？难道它不是有效的管教办法吗

30　　你的管教理念是什么

## 第 2 章　管教中的大脑 / 33

35　　"Brain C"之第一条：大脑在变化（Changing）

- 40 "Brain C"之第二条：大脑是可以被改变的（Changeable）
- 46 "Brain C"之第三条：大脑是复合的（Complex）
- 54 应用"Brain C"准则
- 58 用去情绪化管教来构建大脑
- 61 通过设定界限来构建大脑

## 第 3 章 愤怒到平静：情感连接是关键 / 69

- 73 主动出击的教育
- 76 为什么情感连接排首位
- 88 该拿孩子的脾气怎么办？难道不应该置之不理吗
- 92 要如何在不娇惯孩子的情况下与其进行情感连接
- 96 情感连接行为设限两手抓

## 第 4 章 管教行为中的去情绪化情感连接 / 103

- 105 给情感连接划分阶段：反馈灵活性
- 107 情感连接准则之一：关掉鲨鱼音乐
- 114 情感连接准则之二：探求为什么
- 120 情感连接准则之三：想想怎么做
- 121 去情绪化情感连接循环
- 122 情感连接策略之一：表达安慰
- 130 情感连接策略之二：认同，认同，认同
- 135 情感连接策略之三：别再说了，先听吧
- 136 情感连接策略之四：反射你所听到的东西

## 第 5 章　1-2-3 管教：理性引导——为了现在，也为了未来 / 141

146　1-2-3 管教
146　一个定义
150　两个原则
159　三个第七感成果
164　实践中的 1-2-3 管教

## 第 6 章　行为管束：R-E-D-I-R-E-C-T，就是这么简单 / 171

174　在进行理性引导之前：先说平静，再谈连接
177　帮助进行理性引导的 R-E-D-I-R-E-C-T 策略
177　理性引导策略之一：少说话
182　理性引导策略之二：接纳各种情绪
186　理性引导策略之三：要叙述，不要说教
190　理性引导策略之四：让孩子参与管教过程
197　理性引导策略之五：用有条件的肯定表达反对的意思
202　理性引导策略之六：着重于积极的东西
206　理性引导策略之七：创造性地处理问题
210　理性引导策略之八：传授第七感技巧

**结语** / 222

**附录 A　关于连接与引导的小贴士** / 234

**附录 B　亲子教育专家的挫败时刻：你并不孤独** /237

**附录 C　给抚育者的提示** /245

**附录 D　即使是最棒的家长也会犯的 20 条管教错误** /248

**附录 E　全脑管教法** /257

第 1 章

# 重新解读"管教"

以下是我们几个同事兼家长的口述，你能从谁那里找到共鸣？

这些话听着耳熟吗？是啊，那么多家长都有类似的感觉。孩子们太容易犯错了。家长急于纠正他们，于是只能简单地对当下的境况做出反应，谈不上有一套清晰的管教准则和策略作指导。按下自动航行键之后，家长们就放弃有意识的手动操作了。

飞行时自动模式是好帮手。只要把键一摁，就可以坐好休息了，电脑能带你去预设好的目的地。但在管教孩子方面，靠程序预设然后自动航行是不太可行的。我们可能就此飞进幽暗的积雨云中，这段航程势必颠簸。

我们肯定是想以负责任的态度来对待孩子，而不是一遇到点事就反应过激。我们想要根据已经深思熟虑过并广为认可的准则

第 1 章 重新解读"管教" 3

> 我实在烦透了跟孩子在作业问题上拉锯。我们对对方都很有情绪,这种情况从未得到改善。

来做出有意识的、明智的决定。"有意识"的意思是审慎对待不同的选择,最后采取那个缜密周到、有助于达成目标的选择。去情绪化管教的目标包括给孩子的行为设限和教会他们生活技能,前者是短期的、浅层的,后者是贯穿人生的、深层的。

举个例子吧。你 4 岁的小宝贝打了你一下。也许就是因为你跟他说写完邮件才能陪他玩乐高,他就生气了,然后给你在背上来一下。(很惊讶,不是吗?原来小朋友打人也很痛的。)

那你该怎么做呢?如果你开了自动航行模式,而不是以某种坚实的理念为指导来对待这一行为,你也许只会反射式地回应,不加任何思索或意图。你也许会很大力地逮住他,咬牙训道:"打人可不好!"然后再给点惩罚,比如押解他回房坐冷板凳。

这是最坏的家长反应吗?还不是。但是,我们可以做得更好吗？当然。面对犯错的孩子，我们首先得弄清楚自己究竟想怎样。

这就是本章的主旨，它能帮助我们了解到在对孩子的错误做出反馈时，拥有目标明确的理念、清晰一致的策略是多么重要。如前文所述，管教的双重目标包括在短期内培养良好的外部习惯，以及构建长期的、内在的、有助于养成好习惯和提高人际交往技能的大脑。我们需要时时铭记在心：管教最终还是在于教。孩子打了你一下，你就咬牙切齿并给予恶狠狠的训诫和惩罚，这样真的管用吗？

可能管用，也可能不管用。也许孩子立马就不敢再打你了。这一刻，恐惧和惩罚是管用的，但维持不了多久。而且我们真的打算把恐惧、惩罚和情绪化视作教育孩子的主要驱动力吗？如果真是这样，那我们就是在推崇强权和控制才是让人服从的最好工具的教育理念。

受到身心攻击时，做出愤怒的反应是人之常情。但我们可以有更好的反馈，那是一种既能马上遏止不当行为的发生，又能培养他们的能力，使他们不是因为害怕你的反应才压抑犯错冲动的反馈。孩子不再因为害怕你的反应而抑制犯错的冲动，他们会慢慢掌握一种不受恐惧左右的能力。在这个学习过程中，交流中的消极情绪会越来越少，你与孩子间的情感连接也会越来越牢固。

我们来看看怎样的反馈才是有益于能力培养，而非滋生恐惧的。

## 三连问：为什么？是什么？怎么做

在对不当行为做出反应之前，我们最好花几分钟自问一下这三个问题：

**（1）为什么我家孩子是这种表现？** 怒气上头时，我们可能觉得"他都是惯的"或者"他是故意要气我"，但是如果我们抛弃这种无谓的假设，而是带着好奇心去挖掘这种不当行为背后的缘由，我们就能明白孩子这些行为其实是在说他们不能很好地掌控眼前的境况。如果我们能明白这一点，就能以理解的态度做出更到位的反馈。

**（2）此时此刻，我想教会他什么？** 再重申一次，管教不是为了给予惩罚。我们是想教给他们有关自控、分享、负责任等能力的道理。

**（3）该怎么教效果才最好？** 结合孩子的年龄、发育阶段以及当下的情境（他把扩音器扣在狗狗耳边时说不定没意识到开关是开的），我们要如何进行有效的沟通，把该讲的都讲明呢？我们总是错把惩罚当作管教的目的，对不当的行为做出不当的反馈。其实有时候孩子能从自己的决定中吸取教训，无须我们过多干预。此外，与一刀切的惩罚相对的，总有那么些更为有效又有爱的办法可以帮助孩子们理解家长想要表达的意思。

为什么？是什么？怎么做？问问自己这三个问题，我们就可以在面对孩子的错误时，从自动航行的傻瓜模式里跳脱出来。这样，我们就能做出更有效的反馈，以期马上制止他们的行为。这种反馈还能教给孩子更为重要的、贯穿终生的能力，以帮助塑造他们的品格，使他们在未来的人生里总能做出明智的决定。

我们来具体分析下这三个问题是如何帮助我们对孩子做出反馈的。假设你在专心写邮件时，4岁的孩子给你在背上来了一记。你听见拍打的声音，感觉到背上某块巴掌大小的地方有点痛。这时，你需要几秒钟冷静下来，避免简单粗暴的反应。这并不总是很容易做到的，不是吗？实际上，在我们的大脑里，身体疼痛被预设成了威胁的信号，它会激活反抗的脑回路，使我们投入"战斗"模式。所以说要保持自控，自觉践行去情绪化管教得花力气，有时甚至是大力气。我们必须制服脑袋里想要反抗的因子。这不容易啊。（在我们睡眠不足、饥饿、压力过大或不注意照顾自己时就更难办。）在这个介于过激反应与敏锐回应之间的冷静时刻中，家长开始变得有鉴别能力，有目的性，并且讲究方法。

于是你立马停下来，开始思考这三个问题。于是你更加清楚在你和孩子之间发生了什么。虽然具体情况需要具体分析，但对于这些问题，答案大概是类似的。

**（1）为什么我家孩子是这种表现？** 他打你是因为你一直没理他，所以想要引起你的注意。这种心理对一个 4 岁的孩子来说不是非常典型吗？家长对这种心理受用吗？未必。这种心理正常吗？那是肯定的。对这个年龄的孩子来说，等待并不容易，尤其如果他们正被巨大的负面情绪笼罩着的话，等待会是件更加困难的事。他们还没有成熟到可以迅速冷静下来去制止某些行为。你当然希望他能镇静地倾诉衷肠："妈妈，你一直让我等着，所以我觉得很沮丧。现在我强烈地想要打你，但是我决定忍住，用言语来表达我的情绪。"但这是不可能的。（实际上这场景会很滑稽。）在那个情境下，打你是孩子表达沮丧和焦躁情绪的默认策略，他还需要点时间来学习如何延迟满足和管理愤怒。所以现在他打你了。

你现在明白了，这不是你家孩子一个人的问题，对吗？孩子们并不是因为生性粗鲁或者觉得我们是失败的家长才打我们。他们动手是因为还没有那个能力来控制情绪和冲动。而且，他们知道自己无论表现得多么糟糕，都不会失去我们的爱，所以他们才能从我们身上找到足够的安全感。事实上如果一个4岁小孩一点攻击性也没有，在家长面前时时表现得简直"完美"的话，我们反倒得好好审视一下这个小孩与家长之间的关系了。如果孩子们能够安心地依赖父母的话，他们就不会惧怕亲子关系里的小考验了。换句话说，孩子的不当行为其实正提醒着你：他信任你，对你们的关系很有安全感。许多家长都有这种感觉：孩子的坏脸色全摆给家里人看了。他们在学校，在其他大人面前可是规矩得很呢。这是为什么呢？答案是：他们之所以撒野，是因为对你有安全感和信任感，而不仅仅是因为叛逆。

**（2）此时此刻，我想教会他什么？** 不是要教做错事就得受惩罚，而是要教比起诉诸暴力，总有更好的办法能够既取得家长的注意，又无须自己生闷气。你要让孩子知道打人并不好，总有许多更得当的办法来表达他的强烈情绪。

**（3）该怎么教效果才最好？** 坐冷板凳或者其他的一些惩罚措施多半并不能让孩子下次就记得三思而后动手，我们有更好的办法。不如试试与孩子建立情感连接——把孩子拉近身前，告诉他其实你很关心他？然后你可以对他的感受表示认同，并给他示范要如何表达那些情绪："大家都不喜欢等待。你想我陪你一起玩，所以生气我抱着电脑不放，是这样吗？"这时他多半会生气地回答说："对啊！"这是好的势头：他明白了你其实一直关心着他呢。同样，他也很在意你。接着，等他冷静了点，愿意去倾听的时候，请看着他的眼睛，解释给他听：打人不好，下次他想要得到你的关注时，直接用说的来表达情绪就好。

而不是这样反馈……

给我去坐冷板凳！

这个办法对大一点的孩子同样管用。接下来我们来看看全世界的父母都必须面对的一个问题：作业博弈。

想象一下你那 9 岁的女儿在应该学习的时候纠结不下笔，然后你们俩一个劝一个顶，一遍又一遍。最多一个星期，这种令人崩溃的状况就得重演一次。孩子会沮丧地号啕大哭，对你吼叫，抱怨说老师有多"讨厌"，居然布置这么难的作业，自己真是"蠢"，就是做不来。最后，孩子疲惫地把脸埋在手臂里，眼泪流了一桌子，无奈作罢。

对家长来说，这种情况的抓狂程度不亚于被 4 岁小娃娃往背上猛击一记。如果是采取自动航行模式进行反馈，你多半会受制于这种沮丧的氛围，且在愤怒驱使之下，与孩子争吵，讲一番大道理，并责备她不清楚自己什么时候该做什么事，上课的时候也肯定没好好听。"要是你在我让你去做作业的时候就开始做，现在

三连问

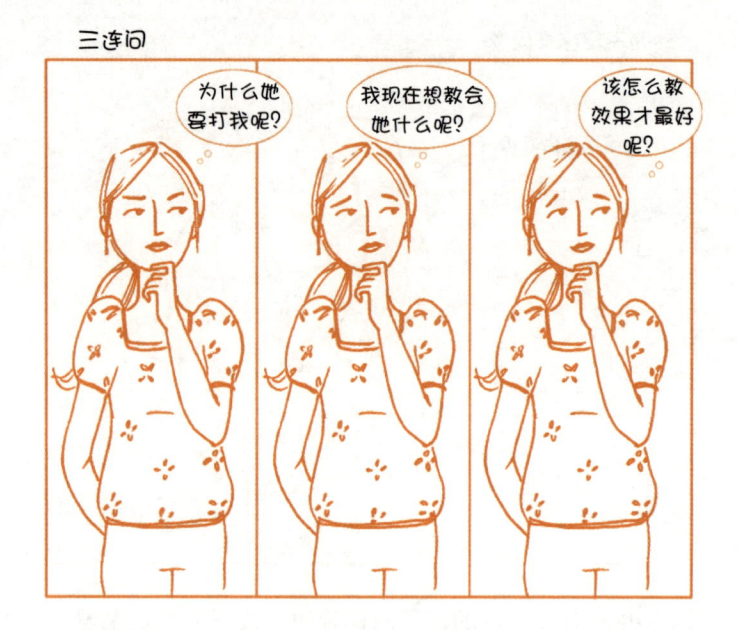

为什么她要打我呢？
我现在想教会她什么呢？
该怎么教效果才最好呢？

肯定已经做完了"，这话很耳熟吧？当然，你绝不会听到任何一个孩子这样应答："爸爸，你说得对。我真应该在你劝我的时候就开始做。没能及时开始是我的错，这一切责任全在我自己，我会学乖的。明天我一定早点开始做作业。谢谢你点醒了我。"

不如抛弃这种说教，先问问自己——为什么？是什么？怎么做？

**（1）为什么我家孩子是这种表现？** 重申一次，管教方式因人而异，因性格而异。也许对孩子来说功课太难，所以她觉得很受挫，就像在打一场赢不了的仗；也许是做功课这件事中的其他因素让她觉得很困难，很有压力，所以情绪不好；也许，她只是想站起来活动活动而已。但是这些原因表现出来的情绪可能差不多，都是沮丧和无助。

又或者其实她完全可以应付功课，只是今天因为疲劳或者压力所以情绪不好。那么早起床，在学校待了 6 个小时，然后还得参加女童子军会议直到晚饭时间。现在她吃过饭了，居然还得在餐桌边做 45 分钟的算术题？这时候情绪糟糕也不奇怪了。对一个 9 岁孩子来说（其实对大人也是一样），今天的任务量可是挺大啊。当然，这不意味着她就可以不完成作业，但只有明白她这情绪由何而来，你才可以改变自己的想法，继而做出更得当的反馈。

**（2）此时此刻，我想教会他什么？** 你可能会想要孩子学会进行有效的时间管理，同时修炼出责任感；或者在面对琳琅满目的课外活动时，学会取舍；又或者是能够增强适应力，管理好沮丧的情绪。

**（3）该怎么教效果才最好？** 无论我们想教什么，在孩子非常沮丧时硬教效果绝对不会有多好。这种时刻根本不适于教东西，因为大脑中情绪化的、逆反的部分正活跃着呢，它们把更为冷静、理性、包容而富于思考的部分压制得死死的。所以我们这时不如通过帮助孩子一起做分数题来度过这一情绪危机。你可以这样说："我知道你今晚的作业量很大，现在又很累了。但是我相信你可以完成。我会和你一起把它搞定。"于是她会平静下来，你们和和气气地一起吃着冰激凌，然后（其实推到第二天也没什么）你可以和她谈谈发生今晚这种情况，究竟是因为她时间管理不到位，还是因为这些数学概念真的很难懂，抑或是因为她上课的时候光顾着和朋友说话，所以把课上没完成的作业带到家里来了。你需要问她，然后一起理清楚原因究竟是什么。你得问她是什么因素妨碍了她完成任务，为什么她会觉得自己没做好，应该怎么补救。你可以把这一过程看作亲子共同学习，并据此改善孩子的功课体验的机会。此外，提出可行的解决方案是一种需要训练才能得来的能力，在这方面她也许很需要帮助，而帮助的法子其实很简单：只需要让她尽量多地参与这个过程就好了。

你可以找一个家长和孩子状态都不错，他肯听取别人意见的时候，以这样的问话开始交谈："你的作业进行得不太顺利是吗？我相信我们能找到更好的办法来完成它。你有什么好点子吗？"（顺便提一句：第 6 章主要讨论的是去情绪化的理性引导策略，我们将在那一章给出具体切实的建议来帮助你进行这类的对话。）

就前文所述的三连问来说，在不同的孩子身上你会找到不同的答案，所以我们不能说某个具体的答案一定适用于某时某地的某个孩子。重点在于，要以一种新的方式来看待管教，这样你才能在一种完整而严密的理念指引下，去与孩子进行交流，而不再在他们犯错时做出不经大脑的反馈。这三个问题为我们提供了一条全新的道路，我们不再见错必罚，而是开始采用更有包容性和目的性的全脑管教策略。

与其这样训诫……

如果你能早点开始的话……
你得有责任感一点……
难道你没听课吗？……

不如自问这三个问题

> 我想知道为什么她现在很头疼。我应该教点什么呢？要怎样教效果才最好呢？

的确，我们不是总有时间来把这三个问题想得很透彻。在孩子突然间把频道从和谐的《室内摔跤小游戏》转到血腥的《笼中争霸》时，在你的孪生宝贝已经耽误了芭蕾课时，坚持走一遍三连问程序是很难的，我们都能理解。但是，我们真的是可以于电光火石间周周到到地来一遍的，虽然这听起来不太现实。

我们不能保证你每一次都会做得很完美，这种瞬间想出办法应对孩子负面情绪的技能也不是一朝一夕可以练成的。但是想得越多，练得越多，自然就越能自觉地做出快速的评估和有目的性的反馈。这种能力甚至可以修炼到默认状态，换句话说就是自动运行。通过练习，你在面对之前那些会激起逆反情绪的境况时，就能始终保持目的性和包容性。这三个问题为你擦亮了心中的明镜，使你不再为身外的吵嚷所影响。

最后，你还会收获到一个好处：管教的次数会变得越来越少。

你不仅是在构建孩子的大脑，以使他能做出明智的决策并且洞悉情绪和行为间的联系；你自己在面对孩子可能出现的各种状况时，也会变得更加灵活应变。你得不断思考为什么他会这么做，只有这样你才能在事情进一步恶化之前给予孩子良好的指导。如此一来，你会更擅长从孩子的角度看问题，从而明白他在何时是真的需要你的帮助，而非愤怒。

## 不能与不想：管教不能一刀切

简单来说，三连问能够点醒我们，自己的孩子是什么样的，他们需要什么。回答这些问题时需要考虑到每个孩子的年龄以及各种特殊需求。毕竟对某个孩子非常管用的办法可能对他的兄弟来说就完全不管用。而且即使是对同一个孩子，某个时刻管用的办法可能十分钟之后又不管用了。管教不能一刀切。我们反而应该时刻铭记这个重要的道理：**只能给某一时的某一个孩子对症下一味药**。

用自动航行模式来进行管教的时候，我们经常是从**自己的**情绪状态出发，对当下境况做出反应，而没有照顾到孩子这时的需要。我们总是轻易忘却了孩子只是孩子，对他们的能力和行为给出不符合成长规律的期盼。我们不该觉得一个4岁的孩子不会因为妈妈不管不顾扑在电脑上而生气，也不该觉得一个9岁的孩子从来不会写作业写到崩溃。

不久前，蒂娜看到一位妈妈和一位奶奶辈的女士在一起购物，她们的小推车里有一个看上去大概15个月大的小男孩。两位女士正在看鞋包的时候，孩子不停地在哭，明显是想离开小推车。他需要活动活动，探索一下这个商场。但他的家长完全没动脑筋，只是递给他一些东西来分散注意力，这让孩子更加不爽。小男孩还不会说话，但他传达的信息其实是很清楚的："你们对我要求得太多了！我希望你们看清楚我到底需要什么！"他的行为和情绪其实很好理解。

我们其实可以这样假设：孩子们有时候会有叛逆的情绪，并且会把它展露出来，呈现的行为就是"叫往东偏往西"。从发展的角度来看，这些情绪来自还没有完全构建好的大脑（详见第2章），所以孩子们确实不能时时刻刻保持我们所期望的那个样子。这就意味着，**我们在管教孩子时一定得考虑到他这个成长阶段的能力局限、脾气秉性、情绪类型以及当下的情境。**

区分**不能**和**不想**很重要。分清楚这两者可以从根本上帮助我们大大减少身为家长的挫折感。我们有时觉得孩子是**不想**如我们所期望的那样做，实际上他们只是**不能**，至少现在是**不能**。

而绝大部分不当行为都源自不能，而非不想。所以下次孩子难以自控时，首先你得自己思忖一下，"这个行为于她的年纪和此刻的情况来说讲得通吗？"回答多半是"是"。你要带个3岁小朋友在车上陪你跑业务，那就怨不得他每过几小时便开始抱怨不休；如果前一夜去看焰火，所以很晚才回家休息，而第二天又必须早起去洗车的话，一个10多岁大的孩子可能就会感到很崩溃。孩子不是**不想**保持良好的状态，他们只是**不能**。

我们总是会给家长说明这一点。而这个道理曾经在一个造访过蒂娜办公室的单亲爸爸身上发挥了巨大的效用。他有个表现特别乖、决策能力特别强的儿子，但这个孩子有时会因为最微不足道的事情就崩溃了，这让他百思不得其解。让我们看看蒂娜是如何展开与这位父亲之间的对话的。

首先，我试图给这位父亲解释：他的孩子有时**不能**调整好自己，不是因为他自己**选择**做个固执顽劣的孩子。这时，这位父亲用身体语言很清楚地表达了他对我这番解释的态度：他交叉着双臂，将背脊靠在椅子上。虽然他没有真的翻白眼，但是很明显，他不吃我这一套。于是我直说道："我感觉你并不同意我这个说法。"

他回答道："你的说法说不通。有时我的孩子能够将很大的负面情绪处理得很好。就比如上个星期，他没能去观看曲棍球比赛，也没难过。但有时候，可能就是因为某个放在洗碗机里的蓝色杯子暂时不能拿出来用这种事，他就崩溃了。在这样的小事上控制情绪，总不超出他能力之外吧。他就是被宠坏了，需要更加严格的管教。这孩子应该学习服从，也绝对学得会。他已经证明过自己完全知道该如何自控。"

为了"治疗"他这种观点，我决定冒个险，做件偏离既定轨道的事，尽管我不太了解这种谈话的最后走向是什么。我点头问道："我敢打赌，大部分时候你都是一个充满爱心和耐心的爸爸，对吧？"

他回答道："是啊，大部分时间吧。不过也有时候不是。"

我试图使自己的声音显得幽默又有趣，说道："所以你是可以充满耐心和爱心的，但是有时候你就是不要做这样的父亲？"还好，这时他微笑了，他开始明白我的意思了。于是我趁热打铁："如果你爱自己的儿子，不该是随时都做一个好爸爸吗？为什么有时候你会愿意自己是缺乏耐心、脾气暴躁的呢？"他开始点头，露出更明快的微笑。在感受到这份幽默的同时，他理解了我的话。

我继续问："是什么让保持耐心成了一件难事？"

他说："嗯，与我当下的状态有关，比如如果我累了，或者因为工作什么的一整天都不太痛快的话，保持耐心就不太容易。"

我微笑着说："你知道我现在会说什么的对吧？"

他当然知道啦。于是蒂娜继续解释道，人们掌控局势和做出明智决策的能力大小是会随着具体情况而有所变动的。我们是人，人的自控能力是不稳定的。这对于一个5岁孩子来说自然不会例外。

这位父亲已经很明白蒂娜的意思了：只因孩子某一次的良好自控，就觉得他次次都能做到这个地步，这种想法是不对的。即使孩子不能控制好自己的情绪和行为，也不能说明他就是被宠坏了，需要严格管教。这时的孩子反而更加需要理解和帮助，而父亲此时能够提供的有助于提高孩子相关能力的好办法，是情感连接和行为设限。**我们应该形成一个共识：人的能力大小会随着精神状态和体能状态而有所波动，而这些状态又受到很多因素的影响，对正在发育的孩子以及他们正在发育的大脑来说，尤其是如此。**

蒂娜和这位父亲又谈了谈，然后他就彻底明白了她的意思。他能够区分这其中的不能与不想了，他也明白自己一直以来给儿子强加的是严苛的、根本不符合成长规律（所谓"一刀切"）的期望。这种新认识驱使他抛弃了之前的自动航行管教模式，开始针对每一个孩子在不同时刻的特质和需求，与他共同做出有目的性并因时制宜的决策。**这位父亲意识到他不仅仍然可以给予孩子严明的约束，还能做得更加高效又有礼貌，因为他现在会考虑到孩子作为独立个体的脾气秉性、波动的能力值及他们所处的具体情境了。**因此，他终于可以达成管教的双重目标：孩子越来越不叛逆，并且他也教会了孩子有益于成长的生存技能和人生课程。

这位父亲开始学着挑战自己固有的假设。比如，他以前会觉得孩子犯错误是因为他们想要这样做，而非因为他们在某一时刻实在难以管理自己的情绪和行为。与蒂娜的深入探讨不仅让他开始质疑这个假设，而且让他开始觉得自己以前总是强调儿女要无条件、无例外地服从的想法是不对的。为什么要管教呢？肯定是要让孩子听话嘛，这是再自然不过的想法。但是听话等于彻底的、无异议的服从吗？难道他想要孩子长成为一个终其一生只知道服从于每个人的人？或者，他还是想孩子能有自己的个性和特质，慢慢学会如何与人相处，遵守规则，自己做决定，自律自省，凭借自己的智慧来闯过人生的各种关卡，而非盲从权威。是的，他明白这其中的利害了，他的孩子也将因此迎来有着全新面貌的人生。

另一个被质疑的假设是，对孩子的任何行为及相关问题，我们都有像银子弹⊖或者魔术棒一般的妙方可施。我们当然也很希望真的存在包治百病的药，但就是没有啊。有的管教方法吹嘘说它何时何地都能管用，且可以在短短数日里让孩子彻底改变，听起来是很诱人。但是，我们与孩子间的交流比这种描绘复杂得多。行为问题是不能用一刀切的办法来对付的。

接下来让我们花几分钟来看两种最普遍的，家长们离不开的一刀切式管教办法：打屁股和坐冷板凳。

## 屁股和大脑

家长们很爱用的一种自动航行式管教办法是打屁股。我们也常被问到这种管教方式合适与否。

如你所见，我们很提倡规矩和界限。但是我们也强烈地反对打屁股这种管教方式。体罚是一个非常复杂又敏感的话题，我们

---

⊖ 银子弹（Silver Bullet），欧洲传说中狼人和吸血鬼的克星，在此意为良方、高招。——译者注

对此已经有了非常多的讨论，涵盖了各种实施体罚的情境及其带来的负面影响。这些东西超出了本书的讨论范围。不过从神经科学的观点和对过去研究的综述来看，我们认为体罚对构建相互尊重的亲子关系，如期望的那样来教导孩子，鼓励孩子的优化发展是不利的。我们认为孩子有权远离任何形式的暴力，尤其这暴力居然可能还来自他们最为信任的保护者。

我们知道什么样的家长都有，同理，什么样的孩子、什么样的管教情境也都有。所以也很好理解正是挫败感以及伴随而来的想要纠正孩子的热望，使得有些家长用了打屁股的管教办法。但是，历来的研究结果一贯是说，从长远来看，打孩子不仅对改变孩子的习性无益，反而会带来各方面的消极后果，即使在这以外的大部分时间里，家长的形象是温和、亲切又慈爱的。诚然，还有很多管教办法也和打屁股一样害处匪浅，比如长期孤立孩子，羞辱他们，以大吼大叫来威吓他们，或者使用其他的方式进行言辞上的或者心理上的攻击。这些都是会刺伤孩子心灵的管教办法，即使家长并没有碰他们一个指头。

因此，我们提倡家长放弃任何有攻击性的、会招致痛苦或滋生恐惧的管教办法，因为它们只会适得其反。在这样的管教里，孩子们的注意力都从他自身的行为以及怎么改正转移到家长对其行为的反应上去了。也就是说孩子们不再关注自己做的事，而只是想着家长在做这些伤害我的事情时，是多么的不公和讨厌（甚至是可怕）。**这样的家长反馈，把管教的两个基本目的，即纠正行为和构建大脑都搞砸了，因为它浪费了一个让孩子反省自己的所作所为，从而产生些许有益的自责心理的大好机会。**

打屁股的更大问题在于它会给孩子的身体和神经造成不良后

果。大脑把疼痛视为危险的信号。所以当家长给孩子施加了生理上的疼痛时，孩子就面临着一个无解的生物性矛盾。一方面，我们生来就有亲近抚养者的本能，当我们受伤或是感到恐惧时，会向其寻求庇护，但是如果抚养者同时又是孩子疼痛和恐惧的源头的话，他们的大脑就会非常迷惑，甚至会出现信息处理紊乱的情况。一条脑回路驱使孩子试图逃离施加痛苦的抚养者，另外一条又劝说孩子依附于这个提供安全感的对象。所以当抚养者成为恐惧或痛苦的源头时，孩子的大脑功能就会开始紊乱，正如卡死的程序那般。极端状态的这种情况被称为紊乱依附。在自身状态紊乱，且在人际关系中重复体验着愤怒和恐惧情绪的情况下，管压力的激素皮质醇就会被释放出来，继而对大脑发育造成长期的负面影响，因为皮质醇对大脑是有毒副作用的，它会妨害大脑的健康成长。严苛的惩罚确确实实会大大改变孩子的大脑，比如造成大脑连接的断裂，甚至脑细胞的死亡。

打屁股的另外一个问题在于它向孩子昭示说家长除了会给他们施加身体上的疼痛之外，没有有效的管教办法。每一位家长都该直面并且深思这个问题：我们真的想让孩子认为要解决冲突，就得给人尤其是无还手之力的人施加身体上的疼痛吗？

从大脑和身体的角度来看，我们知道人有逃避疼痛的本能。并且，大脑中调节身体疼痛的那个部分正好也负责处理社会排斥心理。所以给孩子的身体施加疼痛就是在他的大脑里种下社会排斥的种子。孩子不可能是完美的，我们的研究显示打屁股虽然常常能在此刻刹住孩子的行为，但是从长远来看，对改变习性没什么作用。这个发现非常重要。因为实际上，孩子反而经常是在隐瞒行径的本事上有了长进。换句话说，孩子会为了逃避体罚的痛苦（或者为了避免感觉到社会排斥）而使尽浑身解数，这非常危险，因为这经常会使他变得谎话连篇、真心不再，并且不愿意打开自己的心扉去进行沟通和学习。

关于打屁股这种方法，我们还有最后一点要说明，那就是哪一部分的大脑才是管教时要用到，并且会因此而得到开发的。如我们将在下一章详述的那样，家长可以选择是介入孩子更高级的、更理性的那部分大脑，还是更低级、更叛逆的爬虫类脑。如果你试图威胁或者攻击一只爬行动物，你觉得它会给你怎样的反应？想象一下一条被逼到角落里的眼镜蛇向你吐信子的画面吧。

遭受威胁或者身体上的攻击时，我们的爬虫类脑或者说原始的大脑就占了上风。我们会进入一个适应力很强的"生存"模式，一言以蔽之叫"打不了就跑，跑不了就装死"。我们还会发晕：当人们感觉极端无助时就会产生这种反应。同样地，如果我们让孩子感受到恐惧、痛苦和愤怒的话，这种能量流和信息流就会激活他们原始的、睚眦必报的那部分大脑；而能够让孩子做出更好更灵活的选择、良好的掌控他们情绪的那部分充满包容和理性的、更为复杂且聪慧的大脑只能暂时休眠。

你是想触发孩子原始大脑里的叛逆，还是想让他富于思考和理性的大脑帮助他以更加包容和开放的姿态来融入这个社会？如果激活了大脑里的叛逆，我们就错过了锻炼富于理性的那部分大脑的机会，这种机会转瞬即逝。不得不说，在管教孩子的问题上，我们还有很多更好的选择。它们可以锻炼孩子使用"上脑"，使其得到充分开发，变得更为强大，并最终帮助孩子成为那种大部分时候能做出正确选择的可靠的人（详见第3章至第6章）。

## 那么坐冷板凳怎么样？
## 难道它不是有效的管教办法吗

好问题。近来，大部分决定不打孩子的家长都认为坐冷板凳是最靠谱的办法。但是，事实真的如此吗？这种办法真的能帮我们达成管教目标吗？

总的来说，我们不这么认为。

我们知道有许多慈爱的家长把坐冷板凳作为首选的管教办法。但是，在做了许多科学研究、与许多家长倾谈过，以及带大了自己的孩子之后，我们认为坐冷板凳并不是最好的管教办法，并且总结出了几个原因。首先，如果家长习惯于使用坐冷板凳的办法，他们就会经常出于愤怒而滥用它。但是，家长给孩子带来的体验本是可以更加积极而有益，也更有助于达到让孩子听话及构建其大脑的双重目标的。正如我们在下一章要详述的那样，要形成一个大脑连接，反复的体验是必需的。坐冷板凳给孩子什么体验呢？被孤立的感觉。即使你能以一种慈爱的方式命令孩子去坐冷板凳，假设他屡犯不改呢？那么，你想要孩子，尤其是年幼的孩子，反复体验被排斥的感觉直到习以为常吗？

让孩子体验到**做对事情**的感觉不是更好吗？与其让他坐冷板凳，你不如要求他去练习以不同的方式来处理某个境况。如果他出言不逊，你可以让他再说一遍，并且试着更加礼貌一些。如果他对弟弟态度不好，你可以要求他在每天睡觉之前做三件对弟弟好的事情。这样的办法能够让孩子通过积极的行为得到反复的体验，从而开始在大脑里建立相关的连接。（接下来的章节里还有详细介绍。）

简言之,给孩子坐冷板凳通常不能使家长如愿,让孩子冷静下来,反省自己的行为。根据我们的经验来看,坐冷板凳经常只是让孩子更加暴怒、更加逆反,继而更加不能自控自省。而且,你觉得孩子们在坐冷板凳的时间里有多大可能会真的反省自己的行为?可以告诉大家的是,孩子们被按在冷板凳上时,基本上只会觉得爸爸妈妈太讨厌了,居然把我关在这里。

孩子们在哀叹为什么自己这么倒霉,摊上这样严酷又不公正的父母时,就错过了培养自己的洞察力、共情能力和解决问题能力的时机。他们已经能明白事理了,这时让他们坐冷板凳等于是剥夺了他们练习成为有活力、有同情心的决策者的机会。我们应该给孩子们创造机会,使他们成为做得出明智的选择、摆脱得了低迷状态的决策者。这做起来并不难,你只需要问问孩子:"对这个问题,你有什么更好的办法吗?"这样就会对他大有裨益。通常,如果孩子们冷静下来了,就会去做对的事情,并且从这个过程中学到些什么。

除此之外,冷板凳通常不能直接顺利地将孩子与某种行为挂钩,而这偏偏是有效学习的关键所在。如果你把厕纸堆成山,你就得帮助打扫。如果你骑单车不戴头盔,那么接下来两星期内,每一次把车从车库里推出来时,你都得立马接受"安全检查",而不能跳上去就骑。如果你在棒球练习时把球丢了,那么除非球被找到了,否则你就只能借队友的用了。这些都是与行为紧紧相连的、有因有果的反应。它们绝非惩罚或报复。它们旨在教导孩子,帮助他们明白什么才是对的行为。坐冷板凳和孩子决策能力不足或者过于逆反貌似没有明显的联系。同样地,它对纠正孩子的行为来说其实也没什么用。

家长认为孩子在冷板凳上会想：

> 我真的做错了，我以后会做得更好。是坐冷板凳让我明白了事理。

实际上孩子们在冷板凳上想的是……

> 我真是摊上了全世界最糟糕的父母！

即使家长的出发点是好的，坐冷板凳的手段也还是经常被不当使用。我们也许想要通过冷板凳来给孩子提供一个冷静下来、继而振作起来的契机,以平息他内心的烦乱,使他恢复听话的态度。但是更多的时候,家长们是出于惩罚心态才选择冷板凳这种管教方式,他们的目的不是帮助孩子恢复冷静,也不是让他们汲取教训,他们就是为了让孩子因为犯错而受罚。坐冷板凳该有的那些平静的、有教导意义的特质荡然无存。

但是,促使我们质疑冷板凳的价值的最大原因,是孩子对情感连接的深切需求。孩子通常是因为感觉不堪重负了才犯错,因此,他们会以过激、无礼而叛逆的方式来表达自己的需要和情绪。孩子也许是饿了、累了,或者因为其他原因,才没有办法在此刻做到自控及做出明智决策,或者其实是因为他只有 3 岁,大脑并没成熟到可以理解并且冷静地表达自身情感的地步。所以在看见葡萄汁被喝光了的时候,为了充分传达自己那排山倒海般的失望和怒气,他开始向你丢玩具。

与其一刀切地给他们坐冷板凳……

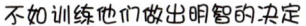

这样的时刻里，孩子最需要的就是我们的安慰和平静的陪伴。如果强制他离开，一个人找个角落坐下，他会觉得自己好像被遗弃了，如果他觉得自己对所有事情都已经失去控制，这种感觉还会加倍的强烈。他可能还会敏感地察觉到，当他做得不对时，你就不想靠近他。**如果他表现好，看起来快乐无邪，你就和他亲；如果他不是这个样子，你就不爱他：你不想让他这么觉得吧？** 你希望和孩子保持这样的一种关系吗？我们不是建议说青少年应该尽量远离那些在你犯错时就躲得远远的朋友和伴侣吗？

我们并不是说短时的坐冷板凳是最糟糕的管教办法，也没说它一定会造成心理创伤，在任何情况下都禁止使用。如果能够始终心系亲子间的亲密关系，以恰当的方式来管教他，比如和孩子你想给孩子传达这样的信息吗?

> 你只有开开心心的,我才愿意和你待在一起。

坐在一起交谈或者安慰他(这就不是坐冷板凳而是"坐热板凳[一]了"),不用多久你就可以使孩子平静下来,这样的管教才是对孩子有益的。实际上,教孩子如何停止自己的行为,花点时间自我反省,然后和他一起坐坐热板凳,对培养抑制冲动的执行力以及约束他那跑偏的注意力来说,是很有必要的。但要达到这样的效果,我们就得注意亲子关系的培养,而不是把孩子隔离开来,这对于年幼的他们来说是很要命的。随着孩子慢慢长大,他们就能从这种内省中,从这种热板凳上的交谈中获益,他们会去关注自己的内心世界。学习直面内心的汹涌,才能最终培养出平息情绪

---

[一] 热板凳(Time-in),与 Time-out 相对应,指的是工作或比赛的恢复。这里与"冷板凳"相对应译为"热板凳",因该管教方式需要管教者与孩子之间进行情感连接,并以谈话和安慰为主要进行方式。——译者注

海啸的能力。这种管教方法是第七感⊖的基础，它能让我们用观察力和共情心去洞见自己和他人的想法。有第七感的人自然懂得整合，懂得改变心态，使自己由烦乱执拗转为温和灵活。第七感，即洞察能力、共情能力加整合能力，是社交商和情商的基础。坐热板凳可以帮助儿童和青少年培养这些内省性质的能力，继而帮助他们建立起与这些重要能力有关的脑回路。在去情绪化管教里，坐热板凳的办法可以用来制止不当行为（首要目标），且使孩子做出有益于培养执行能力的自省（第二目标）。

对此，我们有个管用的先发策略，那就是给孩子创造一个"冷静区"，当他需要时间和空间使自己冷静时就可以去那里，找玩具、书本或者最喜欢的玩偶做伴。这是一个内在的自我调节，它是执行能力的基础。（对家长来说，拥有一个"冷静区"也挺好，也许你可以弄点巧克力、杂志、音乐、红酒什么的。）这与惩罚无关，与让孩子为错误付出代价无关。这只是为了给孩子提供一种选择、一个空间，让他能够自我调节一下，把积压的沉重情绪排解出去。

正如你将看到的那样，我们有很多以抚育孩子和构建关系为重的有效反馈方法，所以别一刀切地让他们去坐冷板凳，把这当成对任何不当行为都适用的"管教高招"。这个道理对打屁股以及所有对不当行为的惩罚来说也是一样。所幸我们很快就会讲到，总有比打屁股、让坐冷板凳以及直接从孩子手里夺走玩具或者某项权利更好的办法，这样的办法与孩子行为之间的联系合理而自然，因此也能帮助儿童大脑发育，帮助维系亲子间的情感连接。

---

⊖ 这是一种照见内心想法，并理解他人想法，据此与他人培养出情感连接的能力。——译者注

## 你的管教理念是什么

如我们已经讲述过的那样，本章的中心论点在于家长在对孩子的不当行为提供反馈时，要有目的性。夸张的、情绪化的反馈不可取；忽视具体情境或孩子的发展阶段，对任何错误都一刀切的反馈也不可取。家长该采用的管教准则和方法，应该是既符合自身理念，又尊重孩子的独立个体身份的。去情绪化管教不仅看重立即应对即时的状况，纠正短期的行为，也看重培养能力，建立大脑连接，从长远的角度帮助孩子自主做出明智的决策，控制自身情感，这也就意味着我们越来越不需要管教孩子啦。

就这个问题而言，你现在是怎么做的？你在管教孩子的时候，有多大的目的性？

就现在，花点时间思考一下，对孩子的行为你习惯于怎样反馈吧。你是不假思索地打他屁股，还是让他坐冷板凳，抑或用上狮吼功呢？面对孩子的情绪，你还有其他不假思索就出手的高招吗？也许你只是简单地传承着你父母那一套，或者正好相反。问题在于，你的管教策略有多少成分是来自既定的成规旧习，又有多少成分是受着有目的性和一致性的方法论指导呢？

在反思自己整个的管教理念时，可以问问自己这些问题：

**（1）我有一套管教理念吗？** 我对孩子的行为表示不满时是有目的性和一致性的吗？

**（2）我正在做的事情管用吗？** 不管是对改变即时的行为，还是对辅助孩子的成长来说，我用的方法能让我教会他们那些我想教的东西吗？我有没有发现他们的行为越来越不需要家长干预了？或是发现对同样的行为我还是要一遍遍地管教？

**（3）我对自己所做的事情感觉良好吗？** 我的管教方法能让我对亲子间的关系更加满意吗？我会经常反思管教的过程，肯定我的自控能力吗？我是否经常觉得还有进步的空间呢？

**（4）我的孩子对这些感觉良好吗？** 很少有孩子欢迎管教的，但是他们能理解我使用的方法并且感受到我的爱吗？我是否以某种方式传达并且展现了我的尊重，使他们保持着良好的自我观感呢？

**（5）我对传达给孩子的那些信息是否满意？** 我是否曾经教给了他们我并不想让他们学会的东西？比如，遵从我说的话比学会做对的决定、做对的事情更重要？或者权利和控制是让人们服从的最好办法？或者只有在他们讨人喜欢的时候，我才愿意和他们在一起？

**（6）我的方法在多大程度上类似我父母的方法？** 我父母是怎么管教我的？我能回忆起一次具体的管教经历吗？那时候有什么感觉？我是否只是在重蹈他们的覆辙？抑或完全背离了他们的方针？

**（7）我的方法是否曾经让孩子真诚地道过歉？** 虽然这并不常发生，但我的方法是否至少允许这种可能性？

**（8）我的方法是否能让我担起责任，为自己的行为致歉？** 在孩子面前，我对自己也会犯错这件事有多坦然？我是否愿意以身作则，爽快地认错？

在问了自己这么多问题之后，你现在感觉如何？许多家长在认识到很多东西自己一直都没有做到，做了的也没做到最好时，都会自责、内疚，感到惭愧甚至无望。**但其实，你真的已经做到最好了。如果你曾经有能力做得更好的话，你自然会做到。** 你已经学了这么多新的理论和方法，自然明白我们的目标不在追悔已逝的机会，而在努力创造新的机会。懂得越多，就能做得越好。作为专家，笔者真希望自己能在孩子还小时就明白，或者至少思考过那些这几年才了解到的东西。所幸孩子的大脑具有极大的可塑性，它们会随着经历的增多而发生构造上的改变，所以孩子对新事物的反应是非常敏捷高效的。你能在多大程度上谅解自己，就能在多大程度上谅解孩子。即使是最优秀的家长，有时也会感觉到他们在管教孩子时，本可以做得更有目的性、更高效、更礼貌的。

在接下来的章节里，我们会帮助你思考，你想引导和教育孩子变成什么样。没有人可以是完美的。但我们可以慢慢地让孩子在陷入困境时也能保持镇定和自制。我们可以自问"为什么－是什么－怎么做"。我们可以避开一刀切的管教办法。**我们可以向着双重目标——约束外在的行为、学习内在的技能前进。**我们可以努力减少不假思索进行反馈（抑或是过度反馈）的次数，增加在某种清晰而包容的理念指导下进行反馈的次数，我们相信，孩子们在由童年到青春期再到成年的漫漫路途上，需要的总是后一种反馈。

第 2 章

管教中的大脑

对莉兹来说，这个早晨很顺利：两个女儿已吃过了早餐，穿好了衣服；丈夫蒂姆和她将要出门送她们去各自的学校。莉兹边锁门边吩咐道："尼娜，你去爸爸那辆车；维拉，你去我那辆面包车。"话音刚落，一早的和谐结束了。

此时蒂姆和 7 岁的维拉已经站在车道上了，莉兹仍在锁门，忽听得身旁一声凄厉的尖叫，简直要让她心跳停拍。她急忙转向尼娜，只见 4 岁的她站在门廊最底下那级台阶上，以震耳欲聋的高嗓门控诉着："不！"

莉兹看看蒂姆，又瞅瞅维拉，他们耸了耸肩，睁大眼睛表示不解。此时尼娜仍不消停，那拖长的一声"不"变成了短促的"不不不"，像是个小喇叭重复播放，分贝满格。于是莉兹赶紧俯下身，把尼娜拉近身边，她那气干云天的抗议才终于缓和下来，转为抽泣。

"宝贝儿，这是怎么了？"莉兹问道，她还不太明白这是什么情况。"你没事儿吧？"

尼娜边哭边蹦出几个字："你昨天已经送过维拉了！"

莉兹又看了看蒂姆，他已经走过来了，但也只能无奈地耸耸肩。嗡嗡声在莉兹的耳朵里盘旋着，她试图解释道："我知道啊宝贝儿，那是因为维拉的学校就在我上班的地方附近嘛。"

尼娜后退了两步，继续嚷着："可是今天该我了！"

莉兹明白了，至少女儿并没遭逢什么危险状况。她长长地吐出一口气，心里感叹着小不点这么高的声音，居然没把玻璃给震碎。

维拉显然没心思去体会妹妹的伤心，她不耐烦地催促着："妈妈，我要迟到了。"

在讨论莉兹要如何搞定这一家长必须面对的经典状况之前，

我们需要让大家了解一点关于大脑的基本知识，以及在孩子犯错，甚至是像这个案例中这样失控时，这些知识是如何对我们的管教决策产生巨大影响的。让我们从被称为"Brain C"的三个关于大脑的基本发现开始吧，这些发现能够极大地帮助我们轻松高效地去管教孩子，同时让他们懂得关于自我控制和情感关系的重要道理。

## "Brain C"之第一条：大脑在变化（Changing）

"Brain C"的第一条说的是大脑是变化着的。听上去简单，但是寓意深远。这一律例应该渗透进我们对孩子所做的一切，包括管教当中。

孩子的大脑正如在建的房屋。脑干和边缘系统组成了通常被称为"爬虫类脑"的底层区域，它存在于头骨内大概从鼻梁到脖子上端这一高度的切面上，其中脑干部分从出生时起就非常活跃了。这一区域的大脑是比较原始的，因为它主要负责我们最基础的那些神经和精神活动：强烈的情感，护犊的本能，以及呼吸、起居和消化等身体机能。下脑驱使蹒跚学步的宝宝在还不能意识到自己在干什么的时候，就已经知道投掷玩具和咬人了。这个地方是人体反应之源，它的口号是"开火！预备！瞄准"（实际上可能根本没有后面两个环节）。在听说带她去学校的不是妈妈时，尼娜的反应就是底层大脑作用使然。

家长们现在明白了，即使对初生儿来说，掌管原始功能的底层大脑也是很活跃的。那么负责更为细致和复杂思考的上层大脑情况如何呢？显然，初生的孩子才刚刚开始发育，这一部分还是不发达的。构成上脑的东西叫大脑皮质，它存在于我们前额后头的位置，是大脑最外面的一层，有些人更愿意将它比作"大脑的树皮"。不像只负责几个基本功能的原始底层大脑，上脑有一长串的关于思考、情绪和交际的功能清单，正是这些功能让我们能过上和谐而有意义的生活，享受健康的人际关系：

- 全面的决策和筹划能力
- 身心管理能力
- 个人洞察力
- 灵活性和适应性
- 共情能力
- 道德观

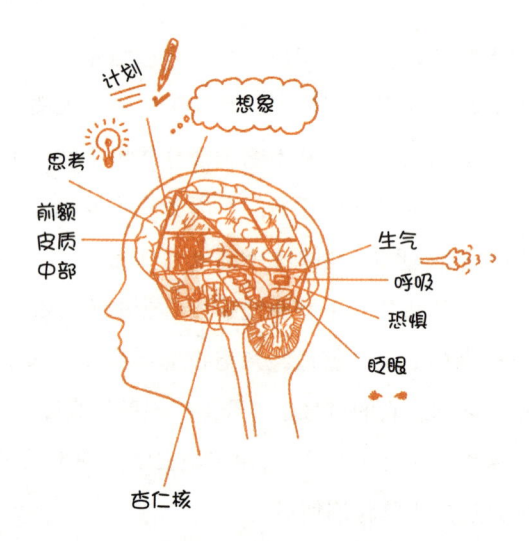

上述这些能力，我们都希望孩子能够获得，而获得的前提条件是要有一个发育良好的上层大脑。

问题是，上脑的发育是需要时间的。这个时间很长，一个人要直到 25 岁左右，这一部分才能完全长成。如果今天你 12 岁的孩子已经是这个星期第三次把他的作业落在储物柜里了，我们也只能遗憾地跟你说：淡定。不过这并不意味着我们就一直什么都做不了，孩子的大脑的确会随着发育慢慢构建起来，但在青少年阶段，生命之初的 12 年里建立起的上脑基本结构都可以被重塑和改变。丹尼尔在他的书中把这称为青少年的头脑风暴。家长和孩子都应该了解这些关于大脑的知识，这样你们的学习和行为方式都会得到改进。我们要如何集中注意力，如何思考，如何感受，如何与人交往？了解了大脑，才能去指挥大脑，使它成长得健康又强壮。

虽然我们非常想让孩子能够始终表现得像个完全成熟而又认真的大人那样：处事严谨、情绪平稳、品质无暇，可在他们那个年纪，这就是不现实的。至少，他们不能始终保持这种完美的状态。所以我们需要据此调整自己的行为和期待。当哥哥故意站近，好拿玩具枪对妹妹开火时，我们不能生气，得像安慰妹妹时一样开导 9 岁的哥哥并问他："你当时在想什么？"

他当然会回答"我不知道"或者"我没想什么"，而且他多半也没说错。当他瞄准妹妹的眼睛时，他的上脑并没在工作；正如妹妹在要求把哥哥的沙滩派对迁进室内，因为她脚踝受伤不想再踩上沙子时，她的上脑也没有掺和这个决策一样。总之无论你的孩子多么聪明，多么有责任感，多么认真，期待他能永远保持良好的自控，或者说永远清楚哪一种选择更明智是不公平的，成年人也做不到啊。

让我们来看一看上脑中右颞顶联合区（right TPJ）的发育情况，这是对大脑缓步发展观点的有力证明。

右颞顶联合区在帮助我们理解别人想法的时候有其特殊作用：

当我们观察到他人遇到了什么状况或者麻烦时，右颞顶联合区会活跃起来，和前额叶皮质共同起作用，使我们能够与他人共情。这两个地方和其他一些区域组成被称为"心理回路"（mentalizing circuit）的部分，因为我们在运用第七感洞见他人甚至是自己的想法时，要用到这些地方。在培养孩子的洞察能力、共情能力和道德思考能力的同时，我们也能帮助他们开发出第七感。显然，共情能力对我们的道德水平和人际关系起到了根本性的重大影响：如果他人出发点不坏，即使是犯了错，我们也仍愿意放他一马。如果我们信任别人的动机，就会愿意给他一些疑点利益⊖。

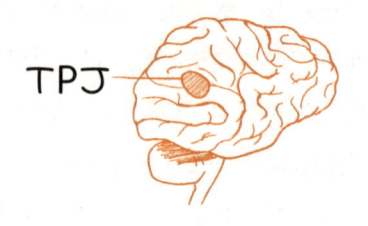

对正在发育的孩子来说，他的上脑，尤其是其中的右颞顶联合区和前额叶皮质仍在发育当中，所以当面对困境或难题时，他的动机和意图是不明朗的，反而是道义上的想法会出现极性，也就是非黑即白，以及对公正等问题的拥护态度会变得格外鲜明。比如对尼娜来说，她对摆出妈妈工作的地方和姐姐的学校很近这种道理一点都不感冒，因为这种合乎逻辑的事实理据与她无关。她只知道昨天是姐姐坐了妈妈的车，那么按照公平的原则，今天该轮到她了。所以，如果莉兹想要了解她女儿的想法，她就需要

---

⊖ 疑点利益（the benefit of the doubt）归于被告是《普通法》的两个重要原则之一，另一原则是无罪推定。疑点利益归于被告是指在刑事诉讼中遇到事实无法查清或查清事实所需成本过高的情况，依有利于被告的原则进行判决。——译者注

认识到尼娜正在努力用她正在发育的,并不总是能考虑到现实情况的上脑思考呢。

我们将会在接下来的章节中提到,当我们使用第七感脑回路来感知孩子行为背后的想法时,我们也是在给他们作示范。第七感是一种可传授的能力,它的要点在于能够共情又不缺洞察力,坚持道德又非铁石心肠。第七感是社交商和情商的基础,我们在帮助孩子开发大脑时,就可以培养出他们的第七感。

这中间有个问题,那就是当我们成为父母,需要教导孩子了,这时候想要理解他们的想法、成长阶段和未来的潜力就变得很不容易了。这时候我们就得用上第七感来理解孩子行为之后的想法。我们不能只是简单地去回应他们外在的行为,现在该倾听的应该是这行为背后的想法。他们的能力值还会有波动,会在他们累了、饿了或者压力很大时发生改变,这个我们要心里有数。理解这个"Brain C"原则,理解大脑是在变化发展的,可以帮助我们在倾听孩子心声的同时多点理解和同情,从而充分明白为什么他们那么不高兴,那么难于自控。假定孩子能够像我们一样用发育良好、功能完善的大脑看世界、做决定,那是不公平的,这个道理其实很简单。

我们来回顾一下上脑所负责的功能清单。什么样的孩子才能包揽清单内所列的能力?我们当然乐于见到孩子能够于任何时刻都能展现出这些品质。谁不想孩子总是能够早早地筹划,聪明地做出决策;好好控制情绪,管理身体;展现出自己的灵活性、同情心以及自知之明;而且还能贯彻高标准的道德要求。但是别想了,不会的。至少,孩子不能永远都保持这种状态。不同的孩子会有区别,再把年纪考虑上,不说保持,这种完美的状态能偶尔呈现一次都不容易。

这算是给不当行为找借口吗？我们是否应该在孩子犯错误时睁一只眼闭一只眼呢？当然不是。正是因为孩子的大脑正在发育，我们才有必要给他们定下清楚的规矩，帮助他们理解什么才是被认可的行为。孩子没有一个始终运转良好的上层大脑可以给行为以**内在的**管束，所以他们需要**外在的**约束。你觉得这外在的约束来自哪里？当然是来自父母或其他抚养者，以及他们给予孩子的那些指导和期望。**我们应该帮助孩子开发他的上脑（以及那些应该能掌握的能力），在这个过程里，我们需要扮演的角色就像是外在于孩子身体的上脑，我们与他们同进退，在他们无力为自己筹划时帮助他们做决定。**

我们马上就要深入这个话题，并给大家提供一些很实在的建议，以助其付诸实施。从现在开始，谨记这第一条"Brain C"：孩子的大脑是在变化发展的，所以我们得调整自己的期望值，并且去理解那些对孩子来说再寻常不过的情绪上和行为上的挑战。当然，我们仍然应该继续教导，并且期望他们能够去做得体的事情，但是在努力的同时，别忘了儿童大脑会变化发展的特点。只要我们能理解并接受这一基本事实，就能做出更加得心应手的反馈，这种反馈更加尊重孩子及我们之间的关系，同时还能保持对需要管教的行为的有力干预。

## "Brain C"之第二条：
## 大脑是可以被改变的（Changeable）

"Brain C"之第二条可称得上是振奋人心，带给世界各地的家长以无限希望：大脑不仅会随着时间推移而发生变化，还可以被改变，也就是说我们可以通过所经历的事情，有意识地去塑造它。如果你近来阅读了很多关于大脑的资料，你很有可能已经接触过这么一个概念，叫作"神经可塑性"（neuroplasticity），它指的是大脑因为我们所经历的事情而发生物理性变化的可能性。正如科学家所说，大脑是可塑造的。大脑的物理构造要如何变化，取决于我们身上所发生的事情。

你也许听说过一些能够展示神经可塑性的科学研究。比如以听觉捕猎的动物，其大脑内的听觉中枢有增大的现象；或者对小提琴家来说，负责左手（它得以以惊人的速度拨动琴弦）的那部分皮质比普通人的面积要大。

近来也有其他的一些研究认为，那些学习过音乐鉴赏或者演奏键盘乐器的孩子，他们的大脑会发生巨大的变化，他们会获得一种被称为"空间感觉运动映射"（spatial sensorimotor mapping）的能力。换一种方式解释就是，即使孩子只是学了弹钢琴的基本知识，他们的大脑比起那些没有学过的孩子来说还是会得到不一样的开发，所以他们更能理解自身与围绕自身的事物之间的关系。我们已经在那些尝试过冥想的人身上看到类似的效果了。正念训练给大脑连接带来的改变实实在在，它极大地影响着一个人与人交际以及适应困境的能力。

我们显然不是说所有孩子都应该去上钢琴课，或者说所有人都该会冥想（当然我们也不是唱衰这两项活动啦）。我们想说的是上课的体验，比如参加正念训练或者练习小提琴甚至空手道，可以从机体上彻底改变那充满可塑性的大脑。儿童和青少年的大脑本来就正在发育，所以这个阶段正是黄金时期，这一时期发生的变化可能会持续终生。再举个有点极端的例子：幼时遭受的暴力

体验确实能改变大脑

可能使孩子在之后的人生中非常容易罹患精神疾病。最近有研究使用了功能性磁共振成像技术（fMRI）和大脑扫描技术来探索曾经遭遇过暴力侵害的年轻人大脑中一块叫作海马体的地方所发生的变化。研究显示他们更容易抑郁，药物成瘾，以及罹患创伤后应激障碍（PTSD）。在还是个孩子的时候，他们所遭遇的那些伤痛就从根本上改变了他们的大脑。

对我们父母来说，神经可塑性带来了无限可能。**如果重复的体验真的能改变大脑的物理结构，那么我们就应该更加有意识地去对待我们给予孩子的那些体验，这非常重要**。请反思一下你和孩子的交流方式。你是如何与他们进行沟通的？你是如何帮助他们反省自己的行为的？在人际关系的那些课题如尊重、信任和努力经营上，你能教给他们什么？你能给他们创造什么机会？你能给他们在人生道路上引荐什么人？他们所见、所闻、所感甚至所嗅到的东西都会对他们的大脑起作用，也因此影响着他们看待身边的世界（包括他们的家庭、邻里、遇见的陌生人、朋友、同学甚至他们自己），并与这个世界打交道的方式。

这些变化和影响都小到细胞层面，它们在神经元和脑细胞中被称为突触的连接中发生。神经科学家称这些神经元是"一起被激活，连接成网络"（neurons that fire together wire together）。

# NEURONS THAT FIRE TOGETHER WIRE TOGETHER

这个说法来自加拿大神经心理学家唐纳德·赫布（Donald Hebb）的名言，他从根本上解释说：人们在对自己所遭遇的体验做出反馈时，神经元也会被激活，它们会相互连接起来，组成一张网络。当某种体验一遍遍重复时，神经元间的连接就会被加强加固。所以说它们是一起被激活，连接成网络。

著名生理学家巴甫洛夫也曾发现，狗不仅会在真的食物面前流口水，听到主人摇响呼唤来食的铃铛时，它们也会分泌唾液，据此他也提出了与上文类似的观点。狗的"唾液分泌神经元"会与"餐铃神经元"连接上,或在机能上结合起来。我们还能举个更新一点的例子:每一次旧金山巨人棒球队在 AT&T 球场打晚间赛时,那里都会有动物出没。每场比赛到尾声时,大群的海鸥就会云集,等这个海滩上的场馆人去馆空时,它们就能享用那剩下来的热狗、花生和琥珀玉米花糖了。生物学家百思不得其解,鸟儿是怎么算准了在第 9 局来蹲点的?是因为人们越来越大的噪声吗,是因为场馆灯光的引诱吗,是因为管风琴一定会在第 7 局的间歇奏起《带我去看棒球赛》一曲吗?不管怎么样,有一件事是明确的,那就是鸟儿已经习惯于在比赛结束的当口就去饱餐一顿,它们蓄势待发。它们的神经元因此被激活,然后互相连接起来。

赫布的名言也可以解释为什么还在学步的小孩会在他想要被抱起的时候,举起自己的双臂对你说:"抱抱你?"他其实多半不明白自己说的词语是什么意思,也搞不清楚该用什么人称代词。

但是他知道当他被问说"你想要我抱抱你吗"的时候,他就可以得到拥抱。所以当他想要被抱的时候,他就问:"抱抱你?"这又是一个神经元被激活然后连接起来的例子。

神经元被连接起来可以是件好事。数学老师可以通过帮助学生建立神经元的连接,使他们把数学与愉悦感、成就感和各种好的感觉联系在一起。但是反例也是确确实实存在的。严苛的老师、定时测验以及随之而来的焦虑所带来的消极体验在大脑里创造的连接不仅会给体悟数学和数字之乐造成很大的障碍,甚至还会影响到学生对考试,抑或整个学校教育的观感。

体验会给大脑构造带来变化。这个道理很容易明白,我们也一定得明白。该如何与孩子交流,如何让他们在什么时候做什么事,在做这些决定时,家长们要时时把孩子的神经可塑性挂在心上。我们得考虑到神经连接带来的是什么,它们会对孩子的未来起什么作用。

比如说,你想要你的小孩看什么样的电影呢?你想要他们花大把时间在什么样的活动上呢?一旦知道充满可塑性的大脑会被体验所改变,我们可能就不会觉得花费大把时间去看某些电视节目,或是去玩很暴力的电子游戏是那么心安理得了。我们也许就会鼓励孩子去参与别的活动,那些有助于他们提高社交能力和理解他人能力的活动,比如和朋友出去玩,和家人玩游戏,或者需要和他人组成团队来进行的体育运动等团队活动。我们甚至可以特意腾出一个无聊的夏日让孩子们去车库看看,他们能用一个滑轮、一些绳索和一卷牛皮胶布搞出点什么名堂。(有人要回屋上网搜索一下"给小弟的牛皮胶布降落伞"吗?你们也许就会把那单调的大富翁图版游戏抛在脑后了。)

我们不能也不想穷尽一切办法保护孩子免遭任何厄运或者不好的事情。那些极富挑战性的经历对培养适应能力，学会与压力和挫折对抗，以及懂得随机应变来说至关重要。我们所能做的，是让孩子在这些体验中发掘出意义，这样他们就会自觉地把遇到的挑战编码成"学习经验"存储在大脑中，而不是把它们视为毫无意义的事情，甚至是妨害他们成长的精神创伤。在家长与孩子追忆往事的时候，孩子对这些经历的回忆也能够美好一点。如果家长能够向孩子倾诉自己的感受，那么孩子可能就会有更高的情商，从而更擅长注意、理解自身和他人的感受。于是神经元再次被激活并连接成网络，改变了那可塑性很强的大脑。

一切的一切，都基于那个基本事实：人们对所经历的东西做出的反应，可以改变大脑。所以你想要让孩子体验点什么来影响他那可塑性很强的大脑呢？你想要建立怎样的大脑连接呢？以及，既然你已知道孩子的大脑是会被改变的，现在你要怎样去回应他们的不当行为呢？要知道，管教过程中孩子领受到的一次次体验，都将在他的大脑里被串联起来。

## "Brain C"之第三条：<br>大脑是复合的（Complex）

大脑是在不断变化的，也是可以被塑造的。大脑还是复合的，这就是我们的第三条"Brain C"准则。大脑有多面，不同的区域负责不同的任务。有些区域负责记忆，有些区域负责语言，还有的区域负责共情，等等。

这也是我们在管教时需要牢记的最为重要的一条准则。大脑的复合性意味着我们在孩子情绪不佳时，在他们做了我们不喜欢的事情时，得根据大脑的不同部分、不同工作区域以及不同工作方式，拿出不同的反应去激活他们不同的脑回路。我们在这部分大脑上会取得这种效果，而如果换成那部分，结果又是截然不同了。

还记得上脑和下脑吗？举例来说，当你的孩子正面临情绪崩溃、完全失控的情况时，你更想依靠哪一部分大脑解决问题呢？是更加原始而逆反的那部分，还是更有教养、逻辑性、同情心和自知之明的那部分？我们更想与像爬行动物一样充满攻击性的人交谈，还是更愿意与有能力使自己镇定下来去解决问题，甚至做出反省的人进行交流呢？答案不言而喻。我们应该调起上脑的包容性，而非激发下脑的叛逆性。这样一来，我们才能与更高级的那部分大脑进行交流，并借其压制住那更为冲动而叛逆的下脑。

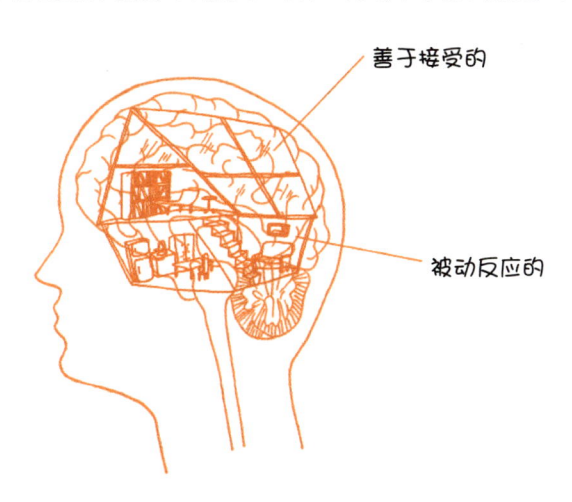

善于接受的

被动反应的

当我们以威胁为手段进行管教时，无论这威胁的意思是很明显地于言语中传达出来，还是含蓄地通过可怖的非言辞行为，比如语调、动作和面部表情来呈现，孩子那十分敏感的爬虫式下脑里防御性的回路就被激活了。我们把这种管教称为"逗蜥蜴"，并且在此奉劝大家都不要这样做，因为它总是让家长和孩子都情绪过激。当你 5 岁大的小孩在杂货店里大发脾气时，你不该盛气凌人地伸出指头，并咬牙切齿地命令他"马上给我冷静下来"，因为这时你的行为就同逗弄蜥蜴无异。你正在启动他的下脑反应，而这不会让任何人受益。孩子的感官系统能从你的肢体和言辞中侦测到威胁，继而启动神经回路，做出反抗、逃离、顿住或是晕厥等行为，以使自己摆脱这个险象环生的境地：这完全是一个生物性的过程。他的下脑会直接触发行动，随时准备快速出招，而不会选择在一种更有责任感和包容心的状态下去充分地考虑还有没有别的选择。他可能会全身绷紧，随时准备自卫，如有必要，可能还会顿住，甚至主动出击。他也许会飞速逃开，或瞬间进入一种油盐不进的晕厥状态。这每一种选择都是下脑的直接反应。孩子那富思虑、明事理、能自控的上脑回路这时却连接不上，用不了了。这就是问题所在：人是不能既处于十分敏感的下脑状态又处于十分包容的上脑状态的。下脑的叛逆总是更强势一点。

　　这种时候，你应该依靠孩子那更有教养的上脑来约束这敏感过头的下脑。请向孩子展示你的尊重；请以共情的心态去养育孩子；请时刻准备与孩子合作，和他一起进行反思讨论。这样你就能以"不带威胁感"的交流，使孩子的爬虫大脑放松下来，不再那么敏感。与此同时，上脑回路也被你激活了，这其中就包括那至关重要的前额叶皮质，它负责进行冷静的决策，以及情绪管理和冲动抑制。我们就是这样从叛逆过渡到接纳的，而这也是我们想要指导孩子去做的。

别再恶狠狠地命令你 5 岁的小孩冷静下来。你完全可以通过温柔地把他拉近身旁,聆听他为何不高兴来安抚他的下脑并调动上脑。(如果这时你们是在一个公众场合,而你的孩子又正在干扰旁人的话,你可能需要把他带出去再试图调动他的上脑。)

科学研究也支持对上脑进行干预,而不是去激怒下脑。举个例子,我们已经知道如果给一个人展示一张上面是愤怒或者恐惧脸的照片,他下脑里被称为杏仁核的那部分就会变得更加活跃,而这个部分是负责快速处理并表达强烈感情,尤其是愤怒和恐惧的。杏仁核的一个基本功能就是保持警醒,并在我们接收到威胁时拉响警报,以使我们可以快速做出反应。但有趣的是,仅仅一张上面是愤怒或者恐惧脸的照片就会让观看者的杏仁核活跃起来。实际上,即使观看者是以一个快到不等意识察觉的速度看到这种画面的,在潜意识、直觉以及情绪反应的作用下,杏仁核也会被激活,或者是变得更加活跃。

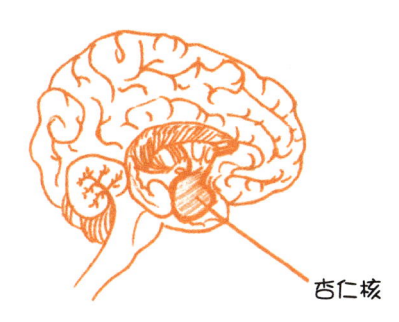

杏仁核

这个研究更加有趣之处在于,当观看者被要求标注出照片里的情绪,说明那是恐惧还是愤怒时,他们的杏仁核马上就不那么活跃了。这是为什么?因为上脑的某个叫作腹外侧前额叶皮质的区域是负责指认、标注以及处理情绪的,它会允许富于思考和理性分析的那部分大脑来接替并平复已被激怒的下脑,不会放任敏感又情绪化的下脑掌控全局,指挥人的感情和反应。这是一个经典方法:"取个名字驯服它"。只要说出这是什么情绪,人就可以感知到自己的恐惧和愤怒值下降了,就这么简单。上脑就是这么平复下脑的。这个技巧可以受用终身。

　　帮助他们调动上脑,这就是我们想为情绪不佳需要发泄的孩子所做的。上脑的前额叶部分所含的纤维能够帮助平复活跃的下脑区域。这其中的关键在于,我们要将它们好好地栽种在孩子的大脑中,并在他们难过失意时,瞬间将这些纤维激活,在进行理性引导之前先做好情感连接。我们希望孩子终能练就平复情绪风暴、反省内心汹涌的能力。

我们来复习一下上脑的功能：做明智的决策、控制情绪和肢体、适应环境、与他人共情、自我认知、自我道德约束。这不就是我们希望孩子能拥有的特质吗？我们想要激活上脑，而非激怒下脑。再重申一遍，是激活，而非激怒。我们在激怒他人的下脑时，自己脑中的杏仁核多半也正活跃着。猜猜杏仁核会让我们想怎样？对，是赢！所以，如果家长和孩子脑中的杏仁核都被最大限度地激活的话，他们就都会渴望赢，而这事实上多半会引起一场激烈的冲突，最后的结局是两败俱伤。没人会赢，这场战争会让情感关系伤痕累累。而这都要怪我们激怒了底层大脑，而非好好地去激活上层大脑。

杏仁核之战：两败俱伤

打个特别一点的比方吧，假设你可以遥控你的孩子，而在某种程度上，你也有这个能力去决定在你们进行互动时你可以收到怎样的反馈。如果按下激活键"冷静，思考"，你就能仰赖上脑，激活冷静的反馈。但如果你按的是激怒键"崩溃，激化"，如果你用上威胁和命令这两种手段，那你实际上就是在祈求大脑中好斗的那部分行动起来。你将会惹怒这只蜥蜴，然后必须面对爬虫式的敏感反应。要按下哪个键，取决于你。

记住，无论是怎样做，家长始终都有责任给孩子设定行为界限，并且明白地告诉他自己对他的期望。在这方面，我们将于之后的内容中提供许多实用的建议。如果你在给孩子设下行为界限，讲清自己的期望时，还能调动孩子更为明智和包容的那部分自我和他的上脑，而非去激怒他像蜥蜴一样的敏感反应和下脑的话，那么你自己、你的孩子，以及任何其他有关的人都会感觉更轻松一点。

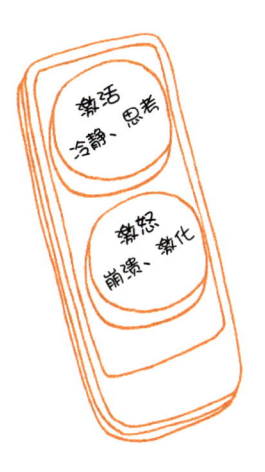

激活
冷静、思考

激怒
崩溃、激化

调动上脑之后发生的事更加让人兴奋：上脑会因重复的唤起而变得强大。神经元被激活，并连接成了网络。所以，当孩子状态不佳时，我们就可以激活他的上脑，在紊乱的精神状态和激活这部分大脑之间创建一个功能性的连接，使他恢复良好的状态。然后我们就可以悉心培养那些有平复情绪功效的纤维，让它从上脑的前额叶区域扩张到下脑。

这就意味着，我们只要更多地去要求孩子在行动前先思考，先考虑考虑他人的感受；更多地去要求他们行事要合乎道德规范并且充满同情心，总而言之就是更多地去调动孩子的整合状态，就能让他更多地去使用和强化上脑，并搭建起大脑连接，以将其与下脑整合起来。以后不管当时是否很有情绪，孩子使用起上脑会更加不假思索，更加得心应手。最后，孩子会越来越擅长做出明智的决策，管理自己的情绪，以及关心他人。

## 应用"Brain C"准则

现在让我们来看看这三个"Brain C"准则：改变（changing）、能变（changeable），以及复合（complex）在实际行为中是如何体现的。尼娜在门廊台阶上爆发时，莉兹的第一反应就是以理性来解释这种乘车安排是如何做出来的："你姐姐的学校离我上班的地方很近。"她还可以进一步阐述说，蒂姆有更多的时间载尼娜去学校，而且昨天尼娜正好要求说要爸爸多陪陪她。所有这些说法都是真实而又合理的。

然而正如我们已经说过的那样，如果孩子正深陷于伤心又崩溃的情绪当中，通常来说给她讲道理是没用的，有时甚至会适得其反。这一点，莉兹在看到女儿气呼呼的样子的时候就明白了。实际上，她认识到"Brain C"的第一条准则：尼娜的大脑是**在变化**的。它正在发育。尚未发育成熟，但**正在发育**。这就意味着莉兹需要更加耐心地去对待她的小女儿，并且不要期望她能始终像个成人或者大一点的孩子那样自控。所以尽管蛮不讲理的 4 岁妹妹、失去耐性的 7 岁姐姐以及分秒流逝的时间给她造成了很大的压力，她还是深吸了一口气，努力去让自己保持平静。

在这种境况中，同样重要的还有第二条"Brain C"准则，即**大脑是可以被改变的**。莉兹明白，不管是好是坏，她和丈夫在处理与女儿有关的事情时所用的方法都与她正在发育的大脑休戚相关。这一刻莉兹还算清醒，所以她没有忽然粗暴地拉上正在号啕的女儿，一路跺着脚把她塞进蒂姆的车，绑在她的专座上，再摔上门。她在极力对抗此时的冲动。

顺便提一句，如果你在我们对莉兹，这位正揣着一肚子怒气却努力控制局面的妈妈的描述中找到了自己的影子，那也很正常。我们都有过这样的时刻（见附录B）。爱介意的父母总是会因为自己犯的每一个小错误或者每一个错失的全脑管教良机而自责。对此我们强烈呼吁：能在自我批评中收获一些觉悟，以使自己下次做得更好一些就可以了，然后就该对自己包容一点，原谅自己。我们当然想为了孩子做到最好，但是正如我们将在结语那一章详细阐释的那样，对孩子来说，父母在管教时犯的错误是可以很有价值的，因为我们可以教给他们，我们是凡人，不过我们可以对所发生的事负责，去努力弥补。这对所有孩子来说都是必不可少的教育体验。

莉兹是一个常人，也是一位家长，所以她也会像我们一样犯错。但是她立刻就能让自己按照去情绪化的、全脑的思维模式去进行管教，并有意识地决定花点时间调节一下，让自己以更好的情绪来面对孩子。正是因为她这么做了，一家人就没有耽误什么时间。此外，莉兹还意识到，虽然尼娜的反应看起来很夸张，但是它们是真实的。在那个时刻，她需要妈妈。所以莉兹抑制了自己的冲动，不做那最不动脑的快速应对，而是再一次将女儿拉近身旁。

至于具体说到她是如何应对这个情况的，就该第三条"Brain C"准则——复合特性出场了。莉兹非常理解自己的女儿，她不会去激怒女儿的下脑。它已经足够活跃了。莉兹需要的是调动起尼娜的上脑。第一步自然是建立情感连接。在进行理性引导之前，我们总是需要先建立情感连接的。莉兹抱住女儿时正是在这么做。是的，此时她真的很赶时间，但是如果尼娜不能冷静一点的话，事态是不会变好的。而要让她冷静其实很快，只要拥她进入妈妈的怀抱就好了。只是过了几秒钟,莉兹就感到尼娜深吸了一口气,开始放松她那小小的身体。

如果尼娜是你的孩子,视你的风格和她的脾性而定,你也许会用不同的办法来处理这个情况。就像莉兹一样,你的首要目标多半就是让你的女儿平静下来,她的上脑才可以上线,她才听得进道理。你也许会承诺说明下次早点起床,这样你就有时间带她去学校了。或者你可能保证说你会向老板请求下午早点下班,这样就可以来接她,然后和她一起享受二人相处的时光啦。又或者,你也许可以提议说在爸爸载她去学校的路上,你会通过车上的对讲机来给她讲故事。

莉兹试了这些法子,结果是并不奏效。这些点子都不够有创意,不能帮助达到目的。尼娜并不买账。

你应该会感到高兴吧?我们并不提供这样的例子,因为在这种例子中,情况总能得到完美的解决。于是你释然了不是吗?因为你知道事情并不总是如你所期望的那样发展。无论我们处理问题时有多么娴熟,无论我们对像三个"Brain C"准则这样的重要知识是多么了解,有时候,孩子就是不会如我们所期望的那样做。他们就是不去捡起他们的玩具;他们就是不自觉向弟弟道歉;他们就是不能冷静下来。在这个情境里也是一样:尼娜就是不合作。聆听她的感受;抱住她;提出别的建议……怎么做都无济于事。

但是莉兹必须要去上班,孩子们也必须去学校。所以,她仍然保持着冷静和同情(这就是我们的目标),向尼娜解释说,他们必须出发了,今天早上只能按计划好的那样,由蒂姆载她去学校:"我知道你现在不开心,你想要我载你。我也想啊,但是今天真的不行。现在你是要自己上车还是想让爸爸帮你上去呢?爸爸一路会陪着你、安慰你的。下午见，爱你。"说完这段话，这前廊上的短剧，就随着蒂姆把哭泣的尼娜抱上自己的车而谢幕了。

注意我们能在这个情境中学到什么。去情绪化管教不能保证你对孩子行为的每一次要求他都会听。但是使用全脑的方法一定能大大增加达到短期目标，即鼓励孩子与你合作的概率。它也能帮助平复，或者至少缓和大家此时的强烈情绪，将冲突降级，从而避免因家长的咆哮或者带入的个人感情而造成伤害。但是在纠正行为方面，它有时是不能如你所愿的。孩子毕竟是人，有他们自己的情感、渴望和节奏，他们不是可供我们任意编程的电脑。但是在阅读了接下来的章节之后，我们保证你至少会同意：要想使用让双方都更自在的办法来与孩子进行沟通，要想在你们之间建立起信任和尊重，要想减少大部分情境中的冲突成分，去情绪化管教给你提供了更好的契机。

此外，全脑管教办法能帮助我们向孩子宣告，即使是在管教时，我们也是那么地爱且尊重他们。他们明白（随着他们的成长，我们也在一遍遍强化这一点）：在他们伤心难过或者做错事情的时候，我们总会赶来陪伴。我们不会背转身，拒绝失意的孩子。我们永远不会扬言甚至暗示说：要想获得我们的爱，你们必须得开开心心的。**去情绪化管教使我们能够向孩子表明，"我与你同在。我支持你。即使你现在已经到了最糟糕的境地，而我并不喜欢你所做的事，我还是爱你的，并且在这里陪伴着你。我明白，你正处在一个艰难时期，而我就在这里，时刻为你。"** 没有家长可以做到随时随地都能向孩子传达出这样的信息。但是我们可以不断、反复地去表达，这样孩子就永远不会对我们的心意产生任何怀疑了。

这种管教是可预见的，是细腻的，是充满爱的，是注重情感关系的，因此也能给予孩子安全感。所以，他们获得了成为独立个体的可能性，他们的大脑连接能使他们更擅长在下决定前做一番周详的考虑，理解自己对事物的观感，从他人的角度想问题，以及得出独立的可靠结论。换句话说，孩子在情绪上和身体上所体会到的安全感赋予他们能力，使他们能尽责地去做事情，明智地去做决策。反过来，专注于控制和恐惧，强调孩子需要始终臣服于成规的教育风格会削弱这种安全感。照顾他人感受，探索替代方案，理解自我，试图在给定情境下做出最优选择，所有这些事情都是可以开发并强健上脑的。如果孩子时常担心自己会把事情搞砸，并且会因此而让父母不开心或者让自己受惩罚，他就不能在做这些事情时享受到自由的感觉。我们不想看见因我们的管教，孩子要殚精竭虑只为取悦家长和躲避麻烦。我们要通过管教来帮助开发孩子的上脑，而能帮助我们达成所愿的就是去情绪化管教。

## 用去情绪化管教来构建大脑

由这三个"Brain C"准则，我们能得出一个至关重要、无可辩驳，同时也是本章中心论点的结论：去情绪化管教确实能帮助构建大脑。没错，它不仅是一种能在亲子相处时帮助应对各种难缠或紧张情况的全脑教育方法，它还能帮助你明白地向孩子表示：你给他们定的这些行为准则不妨碍你的爱和他们的安全感。据此，你就能和孩子搞好关系。没错，我们将要展现给你的管教准则和策略就是能提供这么多好处，让你在培养亲子关系的时候也能享有愉悦轻松的日常生活。

但是除了以上所有之外，去情绪化管教确实还能帮助构建大脑。这种管教能增强上脑和下脑之间的神经连接，它们直接与个人洞察力、责任心、柔性决策能力、共情能力和道德观挂钩。这其中的奥妙在于，我们在加固上脑和下脑之间的结缔组织纤维时，上脑会越发频繁地去和孩子的原始冲动沟通，并且最终驯服它。我们在管教这件事情上做的判断在很大程度上决定着大脑神经连接究竟能长得多健壮。**我们与烦恼失意的孩子进行交流的方式极大地影响着他们的大脑发育，以及在现在和不久的将来，他们会成为怎样的人。**与孩子交流的方式对他们的内在能力有巨大的影响，而这些神经连接中蕴藏的能力都得指望他们那变化的、可变的、复合的大脑！

思考一下这一切，你会发现这个道理非常明朗。我们给孩子的每一次练习，都能让他的上脑变得更强，发育得更成熟。如果我们问孩子的问题能帮助开发洞察力，他自然就可以变得更加有洞察力。

如果我们鼓励他去与他人共情，他就会变得更加有共情能力。

如果我们给孩子机会去**决定**自己该怎么做，而不是直接告诉他该做什么，他就会成为更好的决策者。

孩子变得更富有洞察能力、共情能力以及**独立**做出明智决策的能力。这就是家庭教育的一大终极目标不是吗？你肯定知道这句老话："给人以鱼，一日食鱼；授人以渔，终身得鱼。"我们的终极目的不是让孩子因为家长的关注和命令而去做我们想让他们做的事。（要知道这非常不靠谱，除非我们打算让孩子在余生中都和父母一起居住一起上班。）我们想帮助他们学会无论面对何种情况都能独立做出积极而有益的选择。这意味着我们需要把孩子犯错的时刻看作他们学到重要能力，并且把这些体验编入大脑的机会。

## 通过设定界限来构建大脑

这个观点能够让我们彻底改变方式去看待那些能帮助孩子做出更优选择的机会。我们在设定界限时，就是在帮助开发孩子的上层大脑，让他们知道自控，以及管理自己的行为和身体。

我们可以这么想：我们是在帮助孩子开发于自主神经系统的不同层面之间自由转换的能力。自主神经系统的某个叫交感分支的部分，可以被看成这个系统的"加速器"。它就像一个油门，使我们能够对外界刺激和特定情境热烈回应，并将身体调试至随时行动模式。另外有个部分叫副交感分支，它担任的是系统中的"刹车"一职，它使我们能够阻止、控制自己和自己的冲动。保持加速器和刹车的平衡是情绪调节的关键，所以我们在帮助孩子培养即使状态不佳也能保持自控的能力时，也是在帮助他们学习在自主神经系统的这两个分支之间维持平衡。

纯粹就大脑功能来说，有时加速器激活（可能招致孩子的不当或冲动行为）之后突然刹车又会来一下（以家长设限的形式呈现），这种情况之下，孩子神经系统的反馈可能会使他们骤然停止，并萌生耻辱感。在生理上表现为避免眼神接触，感到胸腔发闷，甚至可能觉得胃里沉甸甸的。家长可能会把这种情况描述为孩子"因自己的行为而感觉糟糕"。

这种察觉自己已经越界了的初步认识是非常健康的，它正可以证明孩子的上脑正在发育。有些科学家认为，能够营造"健康耻感"的行为限制会在人的内心铸就一个指南针，给他在未来生活中的行为以指导。这意味着他开始有了自己的良知或者说心声，并且开始理解什么是道德感和自我控制。随着时间流逝，父母会一次次地帮助孩子去识别那些需要踩刹车的时刻，于是他的行为也会发生变化。孩子不再仅仅因为某种行为是不好的，或者家长不喜欢他这么做，就避开这种行为以免麻烦。孩子身上发生的改变，绝不仅仅是学到了如何区分好与坏、可接受的与不可接受的。

倒不如说，孩子的大脑真的发生了变化，他的神经系统中产生了这样的连接，可以告诉他什么事是能让人"感觉正确"的，自此以后他的行为也会有变化。新的经历帮助孩子在神经元之间创造了新的连接；大脑回路的变化也以积极的面貌，从根本上改变了孩子与周围事物进行互动的方式。家长在这一过程中所起的助力，就是始终以慈爱而又共情的态度教导孩子什么行为是可接受的、什么不能。这就是为什么我们说家长设限非常重要：孩子，尤其是大脑调节回路正在建立连接的年幼孩子，必须学会在必要关头自如地说不。帮助他们理解各自环境之下的规矩和界限，就能帮助他们构建起良知。

这对慈爱的家长来说通常是很难的。我们希望孩子能够开心，我们喜欢看到他们心想事成。我们还很清楚在孩子得不到满足时，愉快的氛围消散得是多么快。然而，如果我们是真的爱自己的孩子，想要给他们最好的一切，就必须忍受他们（以及我们）在面对我们设定的界限时可能产生的那些紧张和苦恼情绪。我们想尽可能地对孩子说好，但是有时候说不才是我们可付出的最大的爱。

在这里要特别提出：许多家长说不或者同样意思的话说得太频繁了。这些话不自觉地就脱口而出了，但很多时候是没这个必要的。**别碰那个气球。不要跑。别洒了。**我们所要的并不是让孩子听一箩筐的"不"。实际上，一个附带条件的"好"会比一个彻底的"不"有效得多："好的，你可以晚一点再洗澡"或者说"好的，我们再读一个故事，但是要等明天。"**换句话说，这里的关键不在于强调"不"，而在于了解到帮助孩子识别行为界限有多重要，这样他们才会越来越懂得在必要时踩紧刹车。**

第二点提示同样重要：如果伴随着设限以及"不"而来的还有家长的愤怒或者是攻击孩子的负面批评的话，促使孩子去学习如何克制自身行为的"健康的、促进成长的耻感"就会变成更为复杂的"有害耻感"乃至屈辱感。有一种观点认为，有害耻感不仅包括做错事的感觉，这种感觉会让人觉得这件事可以并且需要被改正，它还包括一种痛苦的认知，即觉得内在的自我就是有缺陷的。孩子这种觉得自我不健全的想法还特别顽固，它不像行为一样可以被改造。有些研究人员认为，从"将来会发生变化的行为"演化到"根本上就有缺陷的自我"，都是因为孩子一次次地体验了家长对他们行为的仇视。有害耻感和屈辱感会持续整个童年，然后被带进成年，人们的心里深深埋藏着一个"秘密"，那就是他们永远都是有严重缺陷的。负面影响会接踵而至，比如难以应付亲密关系，因为可能会暴露隐藏的秘密；觉得自己毫无价值；迎来了人生的各种成功，却从不感到满足，然后这种影响占据了他们的整个人生。作为一个家长，你可以通过学习如何在不羞辱孩子的前提下将他塑造成应该的样子来回避有害耻感造成的一连串负面影响。这个目标并不虚无，如果你决定这样做，我们一定为你指明道路。

归根结底，去情绪化管教可以鼓励孩子剖析自我，照顾他人的感受，并能够抵抗以另一种方法行事的冲动或渴望，做出艰难的决定。它让孩子能够有机会去锻炼我们想让他们理解并掌握的情绪及社交能力。它使你能够在尊重的氛围中塑造人才。如果我们愿意以慈爱的态度给孩子设限，如果我们在认识到孩子的大脑具有变化性、可变性和复合性的前提之下进行管教，我们就可以帮助他们搭建起神经连接，以提高他们的人际交往能力、自控能力、共情能力、个人洞察力、道德感，等等。于是，他们在纠正自身行为时仍可以保持着独立个体所该有的良好自我认知。

所有这些给家长带来了一个令人振奋的消息：孩子每一次的犯错，都给了我们一个机会去更好地了解他们，并且更加知道他们需要在我们的帮助下学习什么。孩子们经常以行动来发泄情绪，那是因为在他们大脑的某个区域中，有些能力尚未被开发出来。所以当你那3岁的小女儿因为其他同学第一个领到一整杯的鱼饼而去揪人家的头发时，她实际上是在跟你说，"我需要培养等待的能力。"同样，如果你的7岁小娃娃在你告诉他玩乐时间到了时没礼貌地叫你"蠢相琼斯"，那么他实际上是在说，"我需要培养良好的自控能力，以及在不能随心所欲时，礼貌地表达沮丧情绪的能力。"通过犯错,孩子告诉了我们他们需要致力于什么,即那些尚未被开发出来的能力,以及那些还需要练习的能力。

与其彻底地说不……

> 不,我们没有时间讲故事。

不如来一个附带条件的好

> 好,我们可以明天再读一个故事。

家长看到的:

孩子真心想说的:

我需要在不能随心所欲时,好好地克制自己。我需要掌握这样的能力。

坏消息是这个过程不管是对孩子还是对家长来说,几乎没有什么乐趣。好消息是我们懂得了在其他地方找不到的知识。更好的消息是我们以后就可以有意识地、一步步地给孩子提供各种体验,以助他们增进分享能力、共情能力和好好说话的能力等。我们不是说你必须在孩子把事情搞砸了的时候欢呼。("好耶!这是我通过有目的性的反馈来帮助优化开发孩子大脑的好机会!")你大概不会享受管教的过程,也不期望有下一次的情绪崩溃吧。但是当你认识到这些"犯错时刻"不仅仅是需要忍受的令人不快的经历,实际上还是学习和成长的契机时,你就会重新思考这整个的经历,把它看作一次机会,去帮助孩子构建大脑,给他的人生创造一些意义重大的东西。

第 3 章

**愤怒到平静:情感连接是关键**

迈克尔听到了。从儿子房间里传来的说话声是越来越大，但是彼时他正在对着电视看篮球比赛，所以决定等到广告时间再去看看是怎么回事。真是大错特错啊。

他8岁的儿子格雷厄姆和他的小伙伴詹姆斯已经花了半小时去仔细地搭建、分类那几百块乐高玩具。格雷厄姆用他的零用钱买了一个渔具盒，于是他把乐高玩具的头、躯干、头盔、剑、光剑、魔杖、斧子以及其他来自丹麦的设计达人能想到的小玩意一格一格地放了进去。这两个男孩正玩得不亦乐乎。

问题出在迈克尔5岁大的儿子马提亚身上。他越来越觉得自己被格雷厄姆和詹姆斯两个人冷落了。这个工程一开始时三个男孩是玩在一块的，但是年纪大一点的两个最终发现马提亚并不能充分理解他们两个那复杂的分类方案。于是他们不准马提亚参与进来。

于是争吵声越来越激烈。

迈克尔没有等到广告时间。喊叫声让他知道自己马上就得去管管这事儿了。但他反应得不够快。当他还差三步就走到孩子门前时（就差三小步啊），听到了巨响——没错，几百块乐高砸在了硬木地板上。

三步之后，他看见了一个一团糟的战场。简直是屠杀啊：那么多乐高头就好像被斩首了一样丢了一地，旁边躺着没有手臂的身体以及来自中世纪和未来的各种武器。这混乱的颜色融合成彩虹，从门口铺向房间那边的壁橱。

被翻倒在地的渔具盒边站着脸都气红了的马提亚，他看着迈克尔的眼神有点不驯，也有点害怕。迈克尔转头看看他的大儿子，他大叫道："他把一切都毁了！"然后含泪从房间里跑出去，后边跟着局促不安的詹姆斯。

我们来讨论一下在这种情况下该如何进行管教。两个儿子现在都在放声大哭，他们的朋友被无辜地卷进来，迈克尔自己也觉得很生气。马提亚不仅仅是摧毁了大男孩们做好的一切，现在他还多给自己添了清扫房间这个大任务。（如果你曾感受过踩在乐高上的痛苦，你就会明白为什么最好不要把这一块块丢得满地都是了。）此外，迈克尔还把球赛给误了。

迈克尔决定马上去看看大儿子有没有什么大碍，然后再来管教马提亚。他本来想站在小儿子面前，指着鼻子斥责他摔渔具盒的行径。盛怒之下，他想要做出即时的反馈。他想要大声吼，"为什么你这么做？"他想说，别再掺和格雷厄姆的游戏了，然后再补一句，"你现在知道为什么他们不想和你一起玩乐高了吧？"

幸好幸好，迈克尔理性的那部分大脑（上脑）占了上风，他采取了全脑的观点来对待这个情况。他认识到自己的小儿子此时有多<u>需要</u>他，于是换了一种更为成熟而有同情心的方式。当然，迈克尔也必须管束马提亚的行为。而且显而易见，他下次需要反应快一点，在事情失去控制之前就介入。他想让马提亚考虑到格雷厄姆的感受，明白我们的行为经常对其他人产生重大影响。所有这些教育和理性引导都是必要的。

但是，不是现在。

现在，他需要的是情感连接。

马提亚此时是完全失控了，他被批评说太小所以不能明白哥哥的游戏，也因此被孤立在外，他真的需要爸爸来平复自己受伤、难过和愤怒的情绪。现在不是提供理性引导，进行教育以及讨论家庭守则和对他人物品的尊重的时候。现在是给予情感连接的时候。

所以迈克尔跪下了身子，张开双臂，马提亚扑入爸爸的怀中。迈克尔抱住抽泣的儿子，轻抚他的背，什么也不说，只是偶尔安慰一句："我都知道，老弟，我都知道。"

一分钟后，马提亚抬起头来看着爸爸，他的眼睛里闪着泪花，说道："我把乐高给摔了。"

迈克尔不禁笑了，他回答道："我说啊，你干的好事还不止这一件呢，小大人！"

马提亚破涕为笑了，这时，迈克尔知道他可以进行理性引导这一块，帮助马提亚明白共情与合理表达强烈情感的重要性了。他现在能把爸爸的话**听进去**。迈克尔的情感连接和温柔安慰让他的小儿子从逆反状态转为接纳状态，小儿子终于愿意去听爸爸说的话，去学习那些道理。

注意，情感连接不仅仅是以关系和爱为重。它允许家长去塑造自己的孩子，就像迈克尔那样；它也要求家长在孩子烦恼不安和情绪失控的时候积极反馈。这能让孩子"感受到被感受"，这种被关注和理解的感觉能将烦乱化为平静，将被孤立转为被连接。情感连接是第一位的，这是最基本、最慈爱的管教方法。但是注意了，去情绪化管教方法还可以**更具成效**。如果照迈克尔一开始面对这个情况时的反应那样先来点**说教**，那就**错了**。不过这里的重点不在于管教方法的对错（虽然我们绝对认为全脑管教方法本质上是更加注重关爱和共情的），而在于迈克尔以情感连接为先的策略十分高效地达到了两个管教目标，即赢得合作，构建大脑。这种办法让学习成为可能，让教导富有成效，让情感连接得以创建和保留。这个办法能让儿子快速又不带情绪地将注意力转向爸爸，于是他们就可以**以儿子听得进去的方式**来讨论他的行为了。

这种方法还能帮助构建马提亚的大脑，因为他现在能听懂父亲的重点，并理解他正在教授的重要道理了。此外，迈克尔与儿子建立了和谐的情感连接，并向他展示了我们在跟他人生气时，是可以采用更加冷静、更加有爱的互动方式的。所有这些，都因迈克尔选择了在理性引导之前先进行情感连接。

## 主动出击的教育

我们现在来探讨一下为什么在孩子情绪不佳或者难于做出明智的决定时，情感连接对他们是如此有效，而迈克尔的例子就是证明。但是仅仅反馈得稍微迟了些（只是三小步啊），他就错过了彻底免除这整个管教过程的时机。

此言不虚。有时我们要**主动出击**，而非**被动招架**，就可以完全免去管教这一步。如果我们主动出击去教育孩子，准备好"伺机而动"，就能知道孩子在不久的将来（真的是眨眼就到的将来）会犯错误或者情绪崩溃，然后我们就马上介入，试着去引导他们避开那潜在的地雷。迈克尔想赖到下一次广告时间，所以他没能对儿子房间传来的信号做出迅速反馈，其实那信号是在宣告：麻烦开始了。

主动出击的教育就完全不一样啦。比如，你爱抱怨的 8 岁小女儿就要去上游泳课了，但是你发现她在搽防晒霜的时候有点反应过激："为什么我得每天搽防晒霜啊？"然后你去弟弟那边忙活了，而她坐下来弹了一分钟钢琴。但是她漏了几个音符，于是沮丧地在键盘上砸了一拳。

你可以把这些行为视作互相独立的事件，就此忽略它们。你也可以把它们视作一连串警报，而它们也多半真的就是警报。你也许记得某个女儿会在肚子饿时格外烦躁，所以你停下手中的活儿，在她面前放一个苹果。当她望着你时，你可以给她一个心照不宣的微笑，以示这是给她的特权，运气好的话，她会点点头，吃掉这个苹果，然后就能继续保持自控啦。

当然，有时孩子在做出糟糕的决定或行为之前是没有什么明显信号的。但是有时候，我们还是可以读懂孩子给的提示，主动采取手段，走在管教前面。比如在必须离开公园的五分钟之前就先作提醒；或者规定一个始终如一的入睡时间，这样孩子就不会熬得太累然后变得暴躁。你可以从现在开始给学龄前的孩子讲悬疑故事，然后在睡觉时间暂停，并解释说明天在车里会再讲接下来会发生什么。或者你可以在听见孩子们正要起大冲突的时候抢先一步，开始一个新游戏。你可以告诉正在蹒跚学步的金嗓子娃娃，"嘿，别把薯条丢得满餐馆都是啦，你想看看我钱包里有什么宝贝吗？"

与其被动招架去教育……

> 不如主动出击
> 
> 早几分钟前……
> 
> 谁要来点点心吗?

主动出击的管教还有一个诀窍，就是在对孩子进行反馈之前，先搞定"饿、气、孤、累"四要素。如果你发现孩子的行为正往不好的方向发展，先问问自己，"他饿了吗？生气了吗？感觉孤独吗？是累了吗？"也许你要做的，只不过是摆出一点葡萄干，聆听他的感受，和他玩玩游戏，或者让他多休息。你只不过要事先筹划一下，如此而已。

你的孩子是不是：

饿了？

生气了？

孤独了？

累了？

要主动出击去管教并不那么简单，它需要你付出很多心思。**但是你越多地去观察犯错的苗头，将它们在关键时刻掐灭，就越**

不用走到训斥得唾沫横飞、手舞足蹈这一步，你和孩子就会有更多的时间可以愉快相处。

我们也都知道，有时候错误就是犯下了，的确犯下了。无论我们多么主动，都不能阻止它的发生。这时，情感连接就该派上用场了。我们必须抑制自己马上进行惩戒、说教、规矩制定甚至积极的理性引导的冲动。这些我们都不要，我们要情感连接。

## 为什么情感连接排首位

让我们来详细探讨一下为什么情感连接这么有用。在孩子难于自控和做决定时将情感连接作为第一反应主要有三个好处：一个短期的，一个长期的，一个人际关系上的。

### 好处 1：情感连接让孩子从事事逆反到愿意接纳

无论我们具体决定怎么应对犯错的孩子，有一件事我们必须要做，即使（尤其）是在管教的时候，那就是始终与他们保持情感连接。毕竟，**孩子最为难过的时候，就是最需要我们的时候**。要始终记着：**他们并不想感到沮丧、暴怒或者失控**。这些情绪不仅是不愉快，还会给人带来极大的压力。通常来说，犯错是因为孩子在处理身边或者自己身上发生的事情时感到举步维艰。他强烈地感受到自己还没有这个能力去掌控一切，结果就犯错了。他的行为，尤其是失控时的行为，都传达着一个信息：他需要帮助。他在呼唤支援，呼唤情感连接。

所以当孩子感受到暴怒、沮丧、羞愧、尴尬、压力大或者任何一种让人失控的情绪时，我们都需要陪伴他们左右。通过情感连接，我们可以平复他们内心的风暴，帮助他们冷静下来，做出更好的决定。只要他们感受到了我们的爱和接纳，只要他们"感受到被感受"，甚至只要他们明白我们不喜欢他们的行为（或者他们不喜欢我们的行为），他们就会开始恢复自控，上脑就会被再次调动起来。这种情况发生时，就是管教真的生效时。换句话说，情感连接将孩子带出了事事逆反的状态，让他们变得更愿意接纳我们的教导和有益的互动。

管教的要义在于教 → 教导需要孩子乐于接纳学习内容 → 接纳能力源自情感连接 → 情感连接使孩子由事事逆反转为愿意接纳

所以在开始进行理性引导和明确的教学之前，我们有个重要问题该问问自己：**我的孩子准备好了吗？准备好去听话，去学习，去理解了吗？**如果孩子没准备好，那么最好再来一点情感连接吧。

如我们在迈克尔和他5岁的儿子身上所见，情感连接能使神经系统安定下来；能即时平复孩子的逆反情绪，让他们变得愿意倾听，学习，甚至独立使用全脑做决定。当他们兴奋起来时，情感连接会在其中进行调节，避免情绪变得过于强烈。没有情感连接，情绪的孤舟就只能在汪洋中盘旋、颠簸至失控。

来自情感连接的抚慰

回想一下上次你感觉到难过、生气或者不安的时刻。如果你爱的人跟你说"你必须得冷静下来"或者"有什么大惊小怪的啊",你会有什么感觉?如果他是说"一个人待着去,直到你冷静下来,恢复友好乐天的样子"呢?这些反馈简直可怕啊,不是吗?然而,我们整天跟孩子说的,就是这种话。我们在这样说的时候,就是在**增加**孩子内心的痛苦,使得他们需要更经常地去发泄情绪。这些反馈站在了情感连接的对立面,实际上让事态**恶化**了。

而反过来,情感连接是有安定功效,能让孩子开始恢复对身心的掌控感。它让孩子"感受到被感受到",这种共情作用平复了孩子被孤立、被误解的感觉。这些感觉伴随着来自下脑和整个神经系统的逆反情绪而生,它的表征有:心跳沉重,呼吸急促,肌肉绷紧,肠胃翻腾。这些反应让人觉得不舒服,而且它们会因家长进一步的苛求和情感疏离而越发强烈。但如果有了情感连接这一步,孩子就能做出更谨慎的选择,也能更好地控制自己。

本质上,情感连接要做的就是**整合**大脑。以下就是它的工作过程。如我们所说,大脑是复合的("Brain C"之第三条)。它由许多部分组成,各部分都有各自的功能。有上脑和下脑;有左脑和右脑;有记忆中心和疼痛区。和大脑的各个系统以及回路一道,这些部分都担负着各自的职责和任务。当它们像一个协调的整体那样一起工作时,大脑就开始整合。它的诸多部分能像团队那样工作,这会比各自为业的时候做得更多,也更有效率。

为了帮助理解整合的概念,可以想象有那么一条幸福之河。想象你在一条独木舟中,沿着宁静而有诗意的河流行进着。你觉得平静而放松,并准备好面对要来临的一切。你并不求每件事都能那么完美遂心。你的思维处于整合状态:你现在很平静、有包容心且感到安定;你的身体充满活力又十分放松。即使事情的发展不如你所愿,你也能灵活地去适应。这就是幸福之河。

但有时，你不得不离开这条幸福的河流。这时你离哪一边的河岸都太远。河的一边叫烦乱，这边的河岸附近是危险的湍流，它会让你的人生变得狂乱而无力。如果你靠近烦乱的河岸，你会很容易心烦，甚至一点微不足道的挫折就能让你抓狂。你可能会感受到重压之下才有的情绪，比如高度的焦虑和强烈的愤怒，你也许还发现自己肌肉紧绷，心跳飞快，眉头紧锁，而你的身体也感受到这种烦乱了。

另外一边的河岸同样让人不愉快，因为它叫执拗。此刻你执着地渴望世界会以某种样貌运行，你不想，也不能适应世界另外的样子。在努力把自己的观点和欲望强加给身边的世界时，你发现自己不再想，甚至不再可能以任何有意义的方式与世界妥协或谈判。

烦乱在河岸的一边，执拗在另一边。这两种极端情况中有一种是因无力去控制而生；另一种是因控制太多，没有一点灵活性和适应性而出现。两种极端情况都会拽着你离开幸福的河流。无论你是处于烦乱状态还是执拗状态，你都无法去享受精神和情绪的健康，去感受这个世界的安宁。

请想想这幸福之河与你的孩子之间有什么关系。孩子在调皮或使性子时，几乎总是表现得烦乱或执拗，甚至两者兼具。当你9岁的女儿最后被明天学校的演讲吓得边抽泣着边把讲稿撕了，因为她觉得自己永远都背不会那开场白时，她就是被烦乱的状态压垮了。她撞向了河岸，离开了温柔流淌着的幸福之河。同样，当5岁的儿子顽固地坚持要再来一个睡前故事，或者拒绝在找到他那条最特别的腕带之前钻进浴盆时，他就靠执拗那岸很近了。还记得上一章里出场的尼娜吗？当她因为妈妈告诉她今天早晨载她去学校的是爸爸而情绪崩溃，然后拒绝考虑任何别的可行选择

时，她就是在烦乱和执拗之间左右徘徊，进退不前，根本没能体会到幸福之河的宁静之美。

　　这时，情感连接就得发挥其作用了。它能将孩子由河岸拽回河流中，在这个地方他们才能体验到内心的平和，感到更加愉快而镇定。然后他们才能把我们的教导听进去，并做出更好的决定。如果与我们进行情感连接的孩子因压力过重而感到烦乱，就可以在我们的帮助之下远离河岸，进入河流的中心，在这里她会感觉到更加平和，一切尽在掌握之中。如果与我们进行情感连接的孩子执着于一个死板的念头，根本不愿从别的角度进行思考的话，就可以在我们的帮助之下将大脑整合，放弃当下的顽固坚持，表现得更加灵活变通。无论是在哪种情况下，情感连接都可以帮助孩子创造整合的思维，以及学习的机会。

关于与情绪不佳的孩子进行情感连接有什么具体办法这一问题，下一章会谈得更具体。基本方法通常有聆听，以及通过言语与非言语的方式充分表达共情心。我们就这样向孩子靠拢，走进他们的内心世界，去了解他们的情绪、想法、感觉、记忆以及那些对他们的人生有着主观意义的东西。这是对于**行为之下的思维**的关注。举例来说，与孩子建立情感连接的最有效办法之一其实很简单，就是与他发生肢体接触。一次充满关爱的肢体接触，比如把手搭在肩上，轻抚后背或者来个温暖的拥抱，就这么简单，就能帮助大脑和身体释放出让人感觉良好的激素（比如催产素和类鸦片活性肽），并降低压力激素（如皮质醇）的水平。如果你的孩子正在闹情绪，和他来一下肢体接触吧，这会使他冷静下来，帮助你继续进行情感连接，即使此时他仍处于高度紧张状态。我们这是在和他们内心的苦恼进行连接，而不仅仅止于对他们外在的、可见的行为做出反馈。

情感连接让孩子从事事逆反转为愿意接纳

注意了，迈克尔看到站在一片乐高残躯中的小儿子时的第一反应就是坐下来，抱住他。

正是因为这样做，他才能开始把马提亚的小舟从烦乱的河岸边拉回宁静的河流中。他耐心地听着。马提亚只说："我把乐高给摔了。"他不需要说太多。有了这句话，迈克尔就可以开始下一步了。有时候孩子会说很多很多，需要人来久久聆听。有时候他们并不想开口。又有时候他会像在这个例子里一样只说这么一点。肢体接触，充满理解的陈述（"我明白，老弟"），倾听的意愿——要使马提亚的大脑和冲动的身体在一定程度上恢复平静，这三者必不可少。平静一点之后，他的爸爸就可以开始教他那些已经准备好的道理了。

虽然迈克尔当时并没想到这些名词，但是他所做的正是用亲子关系和情感沟通来帮助整合马提亚的大脑，以使他的上脑协同下脑，右脑协同左脑一起工作。马提亚在对大孩子们生气时，他的下脑完全占了上风，把上脑压制住了。重直觉和反应的下脑变得非常活跃，使得他无法在此时使用上脑去考虑清楚后果并照顾到他人的感受。他大脑的两个部分不能协作。换句话说，此时他的大脑没整合起来，结果就搞出了个乐高大破坏。迈克尔用肢体语言帮助自己与马提亚的右脑建立了情感连接，这是说一串充满理性的左脑风格的话所做不到的。不过，右脑虽然更容易被连接上，但也更容易被下脑制服。不管怎么说，马提亚的上下左右部分的大脑此时都已协调一致，准备整合起来。情感连接就此帮助整合了他那情绪为重的下脑和理性为准的上脑，并使迈克尔达到了自己的短期目的，即让孩子与家长合作。

## 好处 2：情感连接能帮助构建大脑

如我们在之前章节所述，去情绪化管教通过提高孩子的人际交往、自我控制、共情、个人洞察力等各种能力来构建孩子的大脑。我们讨论过设定行为界限、制定规矩，以及通过使孩子认同说"不"来帮助他们建立自我控制和冲动抑制能力的重要性。我们就是这样，以亲子关系为切入点，来培养他们大脑的执行功能。我们也探讨了其他可以开发孩子人际交往和决策能力的方法。每一次与孩子间的互动，都给了我们机会去构建他们的大脑，提高他们的能力，让他们成为我们所期望的那种人。

这一切都得从情感连接开始。除去将他们由逆反状态扭转为接纳状态这一短期福利之外，管教互动中的情感连接对孩子的大脑也会产生一直伴随他们长大成人的长期影响。我们在抚慰烦恼的孩子时，在聆听他们的感受时，在向他们表达说不管他们是否做错事，我们都是那么爱他们：当我们这样去反馈时，就是在深刻影响着他们在从青少年成长为成年人的路途中大脑发育的方式以及所要成为的样子。

在之后的章节里我们会更多地去探讨理性引导，其内容包括我们在与孩子互动时需要明确教授的东西以及列为模范的行为。显然，我们在对孩子的行为进行反馈时所传达的东西极大地影响着他们的大脑，而以身作则的即时行为示范也有此功效。无论是在意识层面还是潜意识层面，孩子的大脑会被以家长对各种情况的反馈为基础的各种信息所同化。不过我们现在的重点只在于情感连接，以及家长是如何根据孩子在管教时的体验，改变甚至构建起他们的大脑的。

用神经科学的术语来说，情感连接加固了上脑和下脑之间的连接纤维，使上脑能够更为有效地去与下脑的原始冲动进行沟通，并成功压制它。我们给这上下部分之间的连接纤维取了个绰号叫作"大脑的楼梯"。这架楼梯把楼上和楼下整合起来，使大脑里一个叫作前额叶皮质的部分受益。大脑里的这个关键区域帮助我们建立起自我约束方面的执行能力，其中包括平复情绪、集中注意力、控制冲动以及通过情感连接来与他人共情。随着孩子从家里走向大千世界，他们在使用我们想要他们具备的社交和情绪能力时会显得越来越得心应手，而这得归功于前额叶皮质的发育。

简单点说，情感关系中的整合造就大脑中的整合。如果我们能够尊重自己与他人间的不同，这种整合的人际关系就会得到发展，然后通过共情的交流来帮助达成大脑之间的连接。我们在与他人共情的时候，会感受到他的感受，会理解他的观点。在这种情感连接之下，我们尊重他人的精神世界，但是不会异化成他们。我们就是这样，在保持情感连接的同时，也坚守着那个特别的自我。这种整合能让情感关系更和睦。并且令人惊奇的是，这种人际关系的整合，在亲子关系给孩子带来的大脑整合中会有所体现。不同的大脑区域，如左脑与右脑，上脑与下脑，就是这样保持着独特性和专业性，但又同时有所联系的。要控制大脑，就得仰赖这种由整合而来的各部分之间的协调与平衡。这种神经整合是执行能力，即注意力、情绪、思维和行为管理能力的基础。注意啦，这可是秘密武器：人际关系的整合可以帮助培养大脑中的神经整合！

这就是情感连接带来的长期福利：它能以情感关系为切入点，帮助创造神经连接，培养确实能改变大脑的整合纤维，让孩子变得更加有能力去做出明智的决定，参与到人际关系当中，成功地与周围世界打交道。

### 好处 3：情感连接加深了你和孩子间的感情

情感连接的短期好处是将孩子由逆反状态扭转为接纳状态；长期福利是帮助构建大脑。而这第三个我们想要强调的好处是关于情感关系的：情感连接巩固了你与孩子之间的联系。

对任何人际关系来说，发生冲突的时刻都是最艰难、最具挑战的时刻。不过它也可以成为最重要的时刻。孩子*自然*知道当我们偎依在一起读书或者前去欣赏他们的表演时，与他们是一体的。但如果是在紧张的冲突时刻呢？如果我们各自的愿望和观点出现了分歧呢？这些时刻是真正的考验。我们要如何在不满意孩子的行为时进行反馈呢？是要慈爱的指导，还是要刺激和批评，又或是干脆恼羞成怒？我们的选择将对我们与孩子间关系的发展，乃至他们的自我意识产生重大影响。

孩子在犯错或者表现得又难看又失控时，即使是与他进行情感连接都不一定是容易的事。如果你的孩子突然在安静的飞机上吵起架来，如果你刚带他们去看过电影不久他们就开始抱怨你没能对他们更好，你一定非常不愿意耐着性子去做情感连接。

但实际上在任何管教情境中，情感连接都应该是第一反应。这不仅是因为它能帮助我们解决短期的麻烦，也不仅是因为它能在长期上帮助孩子成为更好的人。更重要的是，它还能帮助我们去表达我们有多么地珍惜亲子间的感情。我们知道孩子的大脑是变化的、可变的、复合的，他们在困境中是需要我们的。我们越多地以共情、支持和聆听来进行反馈，亲子间的关系就会越好。

蒂娜最近带着 6 岁的儿子去了他的朋友萨布丽娜家里参加生日派对。萨布丽娜的父母巴锡尔和金伯利负责在派对结束时将客

人送出来。当他们回到客厅时,眼前的景象让他们大吃一惊。以下是金伯利在给蒂娜的电子邮件中的叙述:

> 派对结束之后,萨布丽娜走进房子,**在没人看护的时候**拆开了所有的礼物。这下我们就没办法记下来谁送了她什么。这简直是一片混乱!我设法把绝大部分的礼物都搞清了,因为我的另一个女儿塞拉利昂在萨布丽娜打开礼物的时候到过房间。不过在萨布丽娜写下感谢卡之前,我还是想搞搞清楚,你儿子给她送的是万花筒3D粉笔吗?我估计曼纳斯小姐未必赞成我这么直接地问,但是我还是想搞搞清楚,不要糊里糊涂的。

在这个情境中,这位疲倦的妈妈回到客厅,发现刚刚被拆开的玩具和撕碎的包装纸散落得满地都是,所以她再也无力好好自控,这个我们也能理解。毕竟,金伯利刚刚张罗了一场有15个6岁小孩以及他们的父母和兄弟姐妹参加的生日派对,这虽然有趣,但是也很吵闹。在这种情况之下,家长很自然地就情绪崩溃了,他们会对骄纵的孩子咆哮,斥责他们甚至等不到派对结束就把礼物都拆了,就像是野兽撕肉那么难看。

其实为了保持自控,金伯利可以从去情绪化的、全脑的思路着手去处理这个情况。不用多说,她首先得从情感连接做起。她抛下了即刻开始说教或者进行激烈演讲的念头,决定先与女儿进行情感连接。她开始意识到这个派对真的很好玩,而现在就是打开所有礼物的时间。她甚至在萨布丽娜向她展示那副令人非常惊喜的假胡子时,耐心地坐了下来。然后,等金伯利成功地与女儿建立了情感连接,她才开始和女儿说话,教导她那些自己想让她懂得的关于礼物、等待和感谢信的道理。据此，我们看到情感连接是如何创造了一个整合的机会，构建了一个更为强大的大脑，巩固了一段亲子关系。

孩子每次做错事情或无法自控时，你都能首先去进行情感连接吗？当然不能。我们无法始终保持体贴。但是我们越多地在第一时间进行情感连接，而不去管孩子做了什么或者我们是否还处于幸福的静流之中，就越能证明给孩子看：即使他们做的事情我们并不喜欢，他们也还是可以指望我们给予无条件的抚慰、爱和支持。这就是在加深感情啊！另外，在加深孩子和你的感情的同时，你也可以将走在成长路上的他们培养成更好的兄弟姐妹、更好的朋友、更好的同伴。你不光要靠说话来教导，还得有行为示范。这就是情感连接带来的人际上的好处：它教会孩子情感关系和爱意味着什么。即使我们不喜欢所爱的人做的事情，那份情感关系和爱也是不会变的。

情感连接加深你与孩子的关系

## 该拿孩子的脾气怎么办？难道不应该置之不理吗

我们在教导家长关于情感连接和理性引导的知识时，最常被问到的一个问题就与孩子的脾气有关。通常，听众中会有个人这样问："我想我们应该别去理闹脾气的孩子。和情绪崩溃的孩子进行情感连接不是等于告诉他们我们注意到他们在闹脾气了吗？这样做不是会强化他们这种消极行为吗？"

我们对这个问题的回答揭示了去情绪化的全脑理论与传统教育方法相异的另一个特点。是的，有时候孩子会扔出我们称为策略性闹脾气的武器来试图达成所愿：得到想要的那个玩具，在公园多待一会儿，如此之类。彼时他是能自控的，他是故意演出一副难过的样子。但是对大部分孩子，尤其是对年幼的孩子来说，策略性地闹脾气还真的只是偶尔而非常态。

大部分时候，闹脾气是证明孩子的下脑劫持了他的上脑，致使他真的失起控来。即使孩子没有完全失控，此时他神经系统的状态也是很不好的，他会开始抱怨，开始失去灵活应变和管理情绪的能力。如果孩子不能管理自己的情绪和行为，我们的反馈就应该把提供帮助和安慰当作重点。我们应该以鼓励为主，满怀同情，并专注于情感连接。无论孩子是刚刚开始有点不开心还是已经难过到完全失控，此时他都是一样地需要我们。我们还是需要坚持原则的，比如我们不能让伤心的孩子真的把餐馆的窗帘拽下来，但是此时我们的目的是安慰他，帮助他冷静下来，恢复自控。烦乱重新涌上心头，人又失去自控能力，而这意味着大脑没有整合起来，不同的区域不能结合为一个协调的整体去工作。而情感连接可以给整合创造机会，所以它就成为我们安慰孩子的最佳方法。整合可以给人管理情绪的能力，而我们就可以这样成功安抚孩子，帮助他们由烦乱或者执拗的不和谐状态进入更加冷静清醒的整合状态，并获得幸福。

所以如果家长要问我们对孩子闹脾气怎么看，我们的回答就是，我们需要彻底地去改变我们对处于消极和失控状态下的孩子的看法。我们建议家长不要仅仅把孩子闹脾气看作让人煎熬的不愉快体验，为了自己开心，不惜一切代价也要赶快结束它；而是要把它看作孩子请求帮助的信号以及使孩子感觉到安稳和被爱的好机会。正是因为孩子会闹脾气，家长才有机会在情感连接的帮助下，缓和孩子难过的情绪；才有机会在他的内心刮起愤怒的风暴时，成为他的避风港；才有机会练习将孩子从分裂状态扭转为整合状态。这就是为什么我们会把这些情感连接称为"整合的时机"。记住，如果抚育者能够敏锐地去反馈，去适应孩子，即去与他进行情感连接，经过日积月累，孩子大脑的自我控制、自我宽慰能力会日渐培养起来，这会使他们变得更加独立而坚韧。

所以说对闹脾气这一行为的去情绪化反馈要从家长的共情开始。如果我们明白了孩子为什么会闹脾气——强烈的情绪占据了他们年幼的、正在发育的大脑，使它分裂开来，那么下次面对尖叫、呼喊和踢打的时候，我们就能够以更为共情的态度去应付了。这不是说我们要去享受孩子的脾气（如果你很享受，你也许得考虑一下寻求专业援助），只是说如果家长能带着共情心去看待孩子的脾气，而非因为这个就觉得他们纯粹是难缠、滑头以及淘气的话，就更能安抚孩子，并与他们建立情感连接。

这就是为什么我们完全不赞成那种要求家长对闹脾气的孩子完全无视的传统方法。孩子闹脾气的时候，不是向他们解释说他们做得不合适的时候，这一点我们绝对同意。处于情绪当中的孩子还没到习惯上叫作"受教时刻"的阶段。但是一旦有了情感连接相助，受教时刻就可以成为整合的时机。大体来讲，在孩子心情不佳时，家长总是容易说得太多，还总问很多问题，并且试图在孩子闹脾气的时候进行教育，这些都会使他们的情绪变得更加糟糕。他们的神经系统已经负担过重了，我们说得越多，这额外的感官输入就越可能冲垮他们的神经系统。

但这并不意味着我们应该无视抓狂的孩子。实际上，我们提倡的观点几乎与之正好相反。无视处于情绪当中的孩子是我们可能会做的最糟糕的事情，**因为如果孩子的情绪真的很差的话，他一定正处于痛苦之中**。这时他是很可怜的。压力的激素，即皮质醇流过他的身体，冲刷了他的大脑，他感到完全无法控制自己的情绪和冲动，也无力安抚自己或者表达愿望。这是很痛苦的。**就像在受到生理上的创伤时一样，孩子处于情绪上的痛苦当中时，也是需要我们陪伴在他们身旁，消除他们的疑虑，让他们感到安心的。他们需要冷静、慈爱又体贴的家长。他们需要与我们的情感连接。**

我们明白孩子闹脾气是让人很不愉快的一件事。请相信，我们也非常了解这种感觉。以下的图能够告诉你归根结底闹脾气是什么行为。而你想给孩子传达什么样的信息呢？

表达第二条信息并不等于放任纵容孩子。它并不意味着你要让孩子去伤害自己、毁坏物品或者威胁旁人。你可以，而且也仍然应该设定行为界限。你甚至必须帮助怒气冲冲的他控制自己的身体，抑制冲动。（我们会在接下来的章节中提供这样做的具体建议。）但是**你在设定行为界限的同时，要表达出你的爱，并且和孩子共同度过那些困境。要始终向孩子传达这样的信息："我就在这里。"**

信息1：

> 你得靠自己度过那些愤怒和难过的时候。我爱你，只要你不再发脾气，我就还会陪着你。但如果你还是这样做的话，我就不会再理你了。所以赶快调整好，不要再觉得难过了。

信息2：

> 即使你现在很崩溃，甚至觉得糟糕透了，我也会在这里陪伴着你。我可以接受这一切。无论在什么情况下，我都支持你。

我们当然想让孩子的情绪尽早地消散，就像我们想尽快从牙医的椅子上起身一样。原因很简单：不愉快。但如果你是从全脑的观点着手来处理这件事情,你就会明白,尽快排解孩子的情绪并不是你的主要目标。你的首要目标应该是热情应对你的孩子,与他同在。你的主要目标应该是建立情感连接,它能带来我们之前讨论过的短期、长期以及情感关系上的各种好处。换句话说,虽然你想这种情绪尽早消散,但是情感连接这一更为重要的目标实际上可以给你带来很多立竿见影的短期好处,并且长期来看好处还更多。你在孩子闹情绪时保持了共情和冷静的态度,这能让事态变得轻松起来,不再那么紧张;你还锻炼了孩子的能力,让他能在未来生活中更好地主宰自己,因为热烈的情感回应能够强化孩子大脑中的整合连接,使他有能力做出更好的选择,控制自己的身心,并考虑到他人的感受。

## 要如何在不娇惯孩子的情况下与其进行情感连接

我们已经说过,情感连接可以减少冲突,构建孩子的大脑,巩固亲子间的关系。这其中有一个家长常问的问题,它与在理性引导之前进行情感连接的潜在缺陷有关,那就是:"如果我总是在孩子做错事情时就去进行情感连接,我会宠坏他吗?换句话说,难道我不是在强化我想要去改变的那种行为吗?"

这种看似有道理的疑问其根据其实是一个误解。所以让我们花点时间讨论一下什么是娇惯,什么不是。然后我们就会更加明白为什么管教中的情感连接与娇惯小孩是如此不同。

让我们先从娇惯所不能做的开始。**娇惯的重点不在于你会给予孩子多少爱、时间和关心。你并不会因为将自己奉献给孩子就宠坏了他。**同样地,你不会因为拥抱孩子太多次,或者在他每一次表达自己的需要时都进行反馈就宠坏了他。家庭教育界的权威人士一度忠告家长说不要太频繁地抱起孩子，免得宠坏了他们。但现在我们知道还有更好的教育方法。热情的回应和安抚不是对孩子的娇惯，不回应、不安抚才会让孩子变得焦虑不安。培养与孩子的感情，不断为他提供那些基本的体验，让他坚信自己有资格获得你的爱和关心，这才是我们应该做的。换句话说，我们要让孩子知道我们会满足他们的**需求**。

反过来，如果父母（或者其他抚育者）给孩子创造了这样一个世界，在这里他们觉得自己有权为所欲为，有权在**想要**什么时就得到它，什么东西都来得那么轻而易举，万物皆备于他，这才叫作娇惯。孩子应该期望自己的**需要**能够被理解，被不断地满足，但是不应该期望他们的**欲望和一时的念头**总能被满足。（把滚石乐队的歌改述一下就是：我们想让孩子知道，虽然他们不总是能得到自己想要的东西，但是一定会得到真正需要的东西。）在孩子情绪糟糕或者失控时进行情感连接是在满足孩子的需要，不是向他的欲望臣服。

字典对"娇惯"的释义是"以过分的放纵或者赞扬去伤害他人或态度"。给孩子太多东西，花太多钱，或者永远只说好当然是娇惯，让孩子觉得整个世界和身边所有的人都该围着他们的念头转，这也是娇惯。

比起以前，这一代的父母是更加倾向于娇惯自己的孩子吗？相当有可能。最普通的一个表现就是家长会庇护着孩子，不消他们花一点力气。他们过分地保护孩子免遭失意和困难。他们经常把纵容和关爱以及情感连接搞混。如果家长自己是被不热情、不慈爱的家长拉扯大的，他们通常会强烈地希望自己能对自己的孩子有所不同，这个本意是好的。**但当他们越来越多地给予孩子各**

种东西，庇护他们免遭困难和痛苦，即以这样的方式去纵容孩子，而非慷慨地给正面临人生道路上无可避免各种困难和挫折的孩子提供真正必需的东西和真正重要的东西——爱、情感连接、关心和时间时，问题就出现了。

为什么我们会担心给孩子提供太多物质享受会宠坏他们，这其中是有原因的。如果总是让孩子随心所欲，他们就不会有机会去培养自己的适应力，不会学到重要的人生课程：延迟满足，靠努力去获取，以及消化失望的情绪。当这种我享有特权的思维设定被用在他人身上时，你就会知道在将来的人际关系中，抱着这种理所当然的感觉而非感恩的态度是不利的。

我们也想让孩子学会如何熬过艰难的时候。在餐桌上发现了孩子尚未完成的作业，于是在他们赶去学校之前帮忙完成，以使他们无须面对迟交作业的后果。打电话给别的家长，想让他们邀请我们参加孩子无意中听说但并未被邀请的生日派对。这些对孩子一点好处也没有。这些反馈给了孩子一种期望，让他们觉得自己将会过上没有痛苦的生活。而当人生并不如预期的那样行进时，他们也许会因此而无法自控。

娇惯孩子的另一个恶果是它选择了立即满足孩子和大人的欲望，而忽略了什么才是对孩子最好的。有时候，我们是因为此时这样做更加容易才选择纵容，或者决定不要给行为设限的。也许今天你可以一而再再而三地纵容他，这在短时间里比较容易操作，因为它可以避免孩子情绪崩溃。但明天怎么办？孩子会期望被纵容吗？记住，我们的所有体验都会在大脑里产生关联。娇惯最终会让作为家长的我们日子很难过，因为我们需要不断地处理孩子的要求或者崩溃的情绪，因为孩子一不称心就会崩溃，因为他们觉得自己可以一直随心所欲。

被宠坏的孩子长大了之后经常是不快乐的,因为现实生活中的人不会次次都去理会他们的一时心血来潮。他们很难去感受微小的喜悦以及建造自己的世界那种成就感,因为这些总是别人来给他做。不断得到想要的东西也给不了我们真正的信心和竞争力,因为这些东西来自我们真正的成就,以及靠自己努力而掌握某样东西的过程。此外,如果一个孩子从来没有试过在没有得到自己想要的东西时调节自己的情绪,改变态度去安慰自己,那么如果以后失望情绪来得更大的话,要这么做就变得非常困难。(顺便提一句,如果我们已经养成了娇惯孩子的不良习惯,想要纠正它带来的不利影响,第 6 章提供了一些方法。)

**我们要说的是:家长有必要担心自己会宠坏孩子。过分的纵容对孩子、对家长、对亲子关系都是无益的。在孩子心情不佳或者作了糟糕的决定时娇惯他并不能帮助我们与他建立情感连接。记住,给予孩子情感连接、关心、爱抚以及爱,那不叫娇惯。如果孩子需要我们,就应该随时候命。**

换句话说,情感连接并不等于娇惯、溺爱孩子,也不会妨害他们的自主性。我们在要求情感连接的同时,并不赞成所谓直升机式的教育,在这种教育中,家长总是盘旋在孩子的人生上空,庇护他们免遭一切困苦。情感连接不等于拯救孩子于水火之中。**情感连接是同孩子一起度过困境,并在他们感到难过时陪伴着他们,就像孩子在擦伤膝盖或者遭受其他什么身体创伤时我们会做的那样。**只有这样做了,我们才可以真正地培养起他们的自主性。因为只有孩子感到安全了,和我们建立起情感连接了,在我们的帮助下,通过全脑管教培养起人际交往能力和情绪管理能力了,他们才会觉得自己越来越有准备去承担起生活所给予的一切。

## 情感连接行为设限两手抓

我们在管教孩子时，也想与他们建立情感连接，让他们明白难过时候总有我们的陪伴。但是这并不意味着我们应该纵容他们的每个念头。实际上，在你的孩子因为不想离开玩具店而大哭大闹时，如果你只是看着他继续尖叫，乱丢一切能够到的东西的话，你就不仅仅是在纵容，还是完全不负责任。

将孩子生活中的各种规则界限取消，对他们是一点好处都没有。孩子并不会因为被允许无法无天地撒气就感觉良好（你和玩具店的其他人感觉也不会好）。与难以自控的孩子进行情感连接的意思不是说你得容许他为所欲为。孩子把辛普森玩偶掷向易碎的凯蒂猫闹钟的时候，不能简单说句"你看起来不开心"就可以了。更为合适的回答应该类似这样，"我能看出你现在不开心，你无力制止自己的行为。我会帮助你的。"在继续进行情感连接的同时，你也许需要温柔地抱起他来，或者指引他走出困境，即要共情，要有肢体接触，记住他是需要你的。就这样做，直到他冷静下来。只要他更能控制自己了，进入一个愿意去学习的思维状态了，你就可以与他讨论发生在他身上的这一切了。

注意这两种反馈的不同之处：一种（"你看起来不开心"）让孩子以冲动钳制住他人，让他不知道规矩为何物，他在踩下欲望的油门之后，却没有得到拉动刹车的机会；另外一种就给了他机会去了解行为界限，比如什么是自己可以做的，什么不可以。孩子需要感觉到我们对他们遭遇的关心，但是他们也需要我们给出规矩和界限，以使他们明白在某种环境里，什么行为才是大家所乐见的。

与其不断地去纵容……

> 你看起来不开心。

不如以爱之名设定行为界限

> 我能看到你现在不开心，无力制止自己的行为。我会帮助你的。

丹尼尔在孩子还小的时候，曾经带着他们去街区公园玩，在那里他看见一个四五岁的骄横粗鲁的男孩被一群孩子围绕着，有几个还很小。男孩的妈妈不愿去管他，明显是"不愿给孩子解决他的问题"。最终是另一位妈妈告诉她,这个男孩很粗鲁地拦着其他孩子,不让他们玩滑梯。直到这时,男孩的妈妈才尖着嗓子训斥马路对面的男孩:"布莱恩!让那些孩子滑!要不然我们就回家去!"而男孩给她的回应则是骂她蠢,并开始丢沙子。于是她说:"那好,我们走吧。"然后开始把东西收拢,但是男孩拒绝离开。他妈妈仍然口头威胁着他,但是没有什么实际行动。10分钟后,丹尼尔带着孩子们离开时,那母子俩还在那里僵持着。

这种情况向我们提出了一个问题,那就是当我们谈到情感连接时,我们是在说什么。在这个案例中,眼前的问题不是男孩会难过或者大哭。他确实难以管理自己的冲动,也处理不好眼前的境况,但这更多地表现在他那顽固而逆反的行为上。他的妈妈仍然应该在试图对他进行理性引导之前进行情感连接。如果孩子并没有情绪崩溃,而只是不能做出最好的决定的话,那么我们可能就要去了解他在那一时刻的想法,才能建立情感连接。他妈妈可以走上前去说:"看起来你们似乎在决定谁可以玩滑梯?应该很有趣吧。跟我再多说说你和小朋友们都在做些什么吧。"

用感兴趣的而非断定和愤怒的语调说出这样的简单话语,就可以在母子之间建立起情感连接。然后,这个男孩的妈妈就真的可以接着进行理性引导了,她之前想说的意思就可以以不同的语调表达出来了。针对她的性格和孩子的脾气,她也许可以这样说:"嗯,我刚听谁的妈妈说有几个孩子想玩滑梯,他们不想你总是拦着。滑梯是给公园里所有孩子的。你觉得我们要怎样才能让所有人都有得玩呢?"

如果他心情好的话,可能会这样回答:"我知道!我这就下去跑一会儿。这样他们就可以趁我在后面爬的时候滑下来了。"如果他此时不想这么大方,也许就会拒绝,然后妈妈可能就需要说:

"如果真的没办法让你和你的朋友们都玩得上滑梯,那么我们可能应该去玩点别的,比如扔飞盘?"

与其去命令、去要求……

> 让那些孩子滑!要不然我们就回家去!

不如将情感连接和行为设限两手抓

> 大家应该共享这个滑梯。

如果像这样去表达，这位妈妈就可以在照顾到孩子的情绪状态的同时，仍旧强调行为界限，教导孩子我们应该考虑到他人的感受。如果有必要，她甚至还可以再给他一次机会去做出对的行为。但是如果孩子仍然拒绝听话，更加地出言不逊，丢沙子丢得更加来劲的话，要怎么办呢？这时候，妈妈就必须如计划的那样，继续进行理性引导："我能看出你是真的很生气，很失望，不想离开公园。但是我们不能再待在这里了，因为你现在没法做出明智的决定。你是想自己走去车那边，还是我抱你去。都取决于你。"然后她需要说到做到，把孩子带上车。

是啊，我们总是想要和孩子建立起情感连接的。

但是在建立情感连接的同时，我们得把行为的界限清楚地告诉他们，并且始终坚持底线，即我们必须帮助孩子做出明智的决策，并且让他们懂得尊重规矩。孩子需要我们这样做，最终，他们会要求我们这样做。再重申一次：当看到自己被自己的情绪左右，他人被自己的情绪钳制时，孩子的感觉并不好。这让他们划向了烦乱的那一边河岸，并感觉到失去控制。我们可以教导他们规矩，让他们理解世界和情感关系都是如何运转的，以此来帮助他们将大脑恢复到整合状态，把他们拉回平静中。有了家长设限，孩子才能在情感生活中真正体会到安全感和切实的自由。

我们想让孩子明白，情感关系要靠尊重、体贴、温暖、关心、合作和妥协来滋养。所以我们想要在与孩子互动的时候，将情感连接和行为设限并重。换句话说，如果我们坚持关注孩子的内心世界，同时又保持着对他们行为的要求，他们就会在这样的教育中受益良多。孩子的智谋、适应力和人际交往能力，都源自家长的关心和约束。

**孩子终究会需要我们对他们设定行为界限并说出我们的期望**

的。但我们在这里所要强调的是，**所有的管教都该从关心孩子，照顾到他们的内心世界，让他们知道即使自己做错了什么，家长的关注、倾听和爱也不会消失开始**。如果孩子感到熟悉、安全而平静，就可以在这种安全感中茁壮成长。我们就是这样，在帮助孩子塑造行为习惯的同时，也很重视他们的想法。我们在帮助指

情感连接是什么样的：

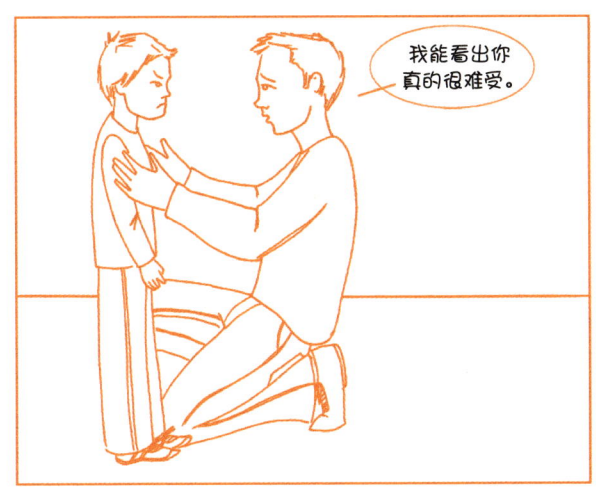

哦，亲爱的。你现在肯定很不好受吧。

我能看出你真的很难受。

导孩子改造自己的行为，教导他们新的能力，并且深刻地影响他们解决问题的方式时，还得尊重孩子行为之下的想法。不忘培养孩子的自我意识和与家长的情感连接，这才是我们的管教和教育。然后，他们就可以在这些观念的基础上，运用人际交往和情绪管理能力与身边的世界打交道了，因为他们的大脑将会产生这样的连接：我的需求会被满足，我被无条件地爱着。

所以，下次你的孩子失去了控制或者做了什么让你彻底抓狂的事情时，要提醒你自己：孩子情绪最激烈的时候，就是最需要情感连接的时候。是的，你需要去管教他的行为，对他进行理性引导和教育。但是首先请重新定义那些强烈的情感，认清楚它们的本质是什么：对情感连接的呼唤。**孩子感觉最糟糕的时候，就是最需要你的时候**。进行情感连接就是去分享孩子的体验，和他同在，陪伴他度过那些困境。这样做就是在帮助整合他的大脑，对他进行他自己无力做到的情绪调节。然后他才可以重回幸福之河的静流之中。而你将帮助他从逆反状态转为接纳状态，帮助他构建大脑，并且加深、巩固你们之间的感情。

第 4 章

# 管教行为中的去情绪化情感连接

有天晚上，蒂娜和一家人正在家吃晚饭，她和丈夫突然意识到 6 岁的儿子去厕所有一会儿了。然后他们发现，他正在客厅玩蒂娜的 iPad 呢。以下是蒂娜的讲述。

起初我有点失落，因为儿子破坏了我们的规矩。他从餐桌边偷偷溜走，问都没问我们就玩起了 iPad，还把它从保护套里拿出来了。他是清楚自己不该这样做的。这些事情都不严重，问题在于他这个行为是在藐视我们之前一致约好的规矩。

首先，我思考了一下儿子的特质、脾气和成长阶段。如丹尼尔和我重申过好多次的那样，我们在决定要如何管教时，一定要考虑到具体情境。我的儿子是一个敏感又认真的小孩，管教他的话应该不用说很多。

斯科特和我挨着他在沙发上坐着，我用好奇的语调问了一句："这是怎么了？"

他的嘴唇立马开始哆嗦，眼泪从眼睛里掉下来。"我只是想试着玩玩《我的世界》嘛！"

孩子肢体的表达正反映了他是明辨是非的，他感到苦恼。而这句话是愧疚的供认。他的话明显地传达着这样一个信息，"我知道我不应该离开餐桌，拿起 iPad，但我就是很想玩嘛！这个冲动实在是太强烈了。"换句话说，这时我已经很清楚接下来的谈话里理性引导的部分不会太难进行了。有时候，这部分也许会很棘手，但今天不会，因为孩子心里已经有知错的意识了。

在开始理性引导之前，我想从孩子的喜好入手来与他进行情感连接。我说："你真的对这个游戏很感兴趣是吗？你很好奇大男孩都在玩什么对不对？"

斯科特接着我的话茬说了些这个游戏酷炫的地方，比如你可以在游戏中创造一个由建筑、隧道和动物构成的世界。

儿子羞怯地抬起头看看我们，把目光从我的脸上又移到斯科特的脸上，思忖着我们是不是真的没发火。然后他点了点头，给了我们一个温柔的微笑。

借由这几句话和几个眼神，情感连接就此建立起来了。于是我和斯科特得以继续进行理性引导。现在我们知道儿子心里在想什么，情况就不难对付了。斯科特问了句："但你忘了我们的规矩吗？"

儿子大哭起来。此时我们不用再说什么，因为我们知道他已经对那些道理表示了认同。

我抱住他，安慰着他。我说："我觉得你今天晚上的行为违反我们的规矩了。下次你不会这么做吧？"

他边哭边点头，承诺说下次离开餐桌时一定征得同意。我们拥抱着，然后斯科特请教了他一个关于《我的世界》的问题，他开始解释给爸爸听关于地板门和地牢的一些知识。他变得活跃起来，把内疚和眼泪抛诸脑后了，然后我们重新走到餐桌前。由情感连接到理性引导，这种做法不仅能实现教育目的，还让孩子感觉到了被理解和被爱。

## 给情感连接划分阶段：反馈灵活性

在之前的章节中，我们谈到情感连接是管教过程的第一步。而现在我们的重点是，管教行为究竟是什么样的，孩子有情绪或做错事时你该以什么准则和策略为准。有时情感连接是很简单的，比如在蒂娜这个案例里。但在通常情况下，它会有点挑战性。

我们在讨论推荐的情感连接方式时，不要幻想能找到像公式一样的、能适应一切情境的一刀切的办法。接下来要讲到的准则和策略在大部分情况下都很有效。但你还是应该根据自己的教育风格、眼前的情况以及你孩子的脾性来使用这些方法。换句话说，要保持反馈的灵活性。

反馈的灵活性的意思就如字面所说，在对某个情况进行反馈时要保持灵活性。它意味着停顿下来进行思考，并且选择最佳的行动路线。它要求我们将刺激和反馈区别开，这样我们就不会因为孩子的行为或者我们内心的烦乱而立刻（没有目的性的）给出反应。所以，当 A 发生时，我们不会自动地做 B；我们会同时考虑 B 和 C，甚至 D 和 E。反馈灵活性给了我们时间思考，让我们有条件去考虑很多的可能性。因此，我们可以"融入"某种体验，并在进入"行动"的脑回路之前，先进行思考（只要几秒就好）。

反馈的灵活性能够让你在与孩子陷入困境时，呈现出你可能呈现的最明智的样子，只有这样情感连接才能成功。这差不多与自动航行式管教正好相反，那种管教对付什么情境都用的是一刀切的机械方法。如果我们能灵活地去对孩子的思维状态和不当行为做出反馈，就能有目的性地根据具体情况，以可以做到的最好方式去应对，并给孩子准备好当下所需要的东西。

孩子既然犯错了，就可能需要一点时间冷静下来。别一看到孩子的错误就迅速做出反应，这条经验会很有用的。我们知道在气头上的你也许**情绪很大**，想要马上发号施令，大声冲女儿吼：居然敢把弟弟推进游泳池，那今年夏天她就别想再去游泳了。（有时我们也很可笑不是吗？）但如果你愿意花几秒的时间让自己冷静下来，而不是在公共游泳池上演一场用力过猛的管教，你就更能让自己以更镇定、更理性的面貌去做出更有目的性的反馈，而那正是孩子此时所真正需要的。(此外，你还成功地避免了成为镇上居民晚餐谈话的开场白，"你今天真应该见识一下游泳池里那个疯女人。")

有时候，反馈的灵活性可以让你比平常时更加能以坚定的立场去对待某件事。如果你注意到 11 岁的儿子对自己的任务和作业提不起劲儿，你也许就不会载他回学校去取那"不知道怎么回事"就落在储物柜里的书（又来了）。你也许真的是很同情他并觉得应该进行情感连接，你想说："你把书忘在了学校，那么明天就不能准时上交作业了，这真是很遗憾呢。"但是你还是应该让他感受一下健忘该有的后果。或者你也可以带他去取书，如果你觉得依照他的性格和此时的情况来说这是最好办法的话。这才是关键所在。反馈的灵活性意味着你会注意要如何根据发生的各种情况去反馈，而非简简单单、不假思索地做出反应。

就像家庭教育其他方面的许多内容一样，反馈的灵活性是有目的性的教育之基础。要时刻注意去满足**某个**孩子在**某个**时刻的需要。如果这一目标已深植于你脑海，那么情感连接就是自然而然的了。

现在让我们来看看几种与难以自控或者做了不明智决定的孩子进行情感连接的具体方法，这些方法都要用到反馈的灵活性。我们将集中从三条能为亲子间的情感连接作好铺垫的去情绪化准则开始，然后再进一步介绍更多即时的情感连接策略。

## 情感连接准则之一：关掉鲨鱼音乐

如果你曾听过丹尼尔的演讲，那么你大概已经听他介绍过鲨鱼音乐的概念。以下是他对这个概念的阐述。

首先，我给观众看了一个 30 秒的视频，并要求他们在观看的同时监控自己的身心反应。[一]首先，一片漂亮的森林出现在大屏幕上。而后的画面是一个人手持一台摄像机往前走，从他的摄像机屏幕中，观众可以看到一条田园小径，沿着这条路往下，是美丽的大海。平静的古典钢琴配乐贯穿视频始终，在这田园牧歌式的氛围里传达着安宁祥和之感。

然后我暂停了这段视频，并要求观众再看一遍，同时解释说这一遍的视频还是一模一样的，但是背景音乐有所不同。于是观众又看到了同样的画面：森林、田园小径、海洋。但是这一次的音乐是黑暗且具威胁性的。它很像电影《大白鲨》里的那段著名主题曲，由此彻底地渲染了大家对于画面的感知。那祥和的画面现在看起来危机四伏，因为谁知道什么东西也许就突然跳出来了呢？而那条小径通往的地方，此时我们也很确信自己绝不想造访。这视频并没有告诉我们在小径尽头的那片海里我们将会发现什么，虽然根据这个音乐来看，很有可能是一头鲨鱼。尽管我们很害怕，但是摄像机还是在不断地靠近那片水域。

于是观众也发现了，如果配以不同的背景音乐，完全相同的画面给人的体验是可以发生天翻地覆的变化的。这种配乐带你走向安宁和祥和，那种却通往畏惧和恐慌。

我们在与孩子打交道时，道理也完全一样。我们必须注意背景音乐的问题。"鲨鱼音乐"把我们从此刻剥离开来，让我们进入恐惧式教育。我们的注意力被那些能引起激烈反应的东西

---

[一] 这段视频最初由 *The Circle of Security Intervention* 编委会制作，具体请参见 Bert Powell 等人的这本书（New York：Guilford Press，2013）。

所吸引。我们担心前方会发生什么，又必须去应对来自身后的东西。当我们这样做时，就错过了此刻发生的一切，即孩子真正需要什么，他们想要表达什么。结果就是，我们没能给他们最好的反馈。换句话说，鲨鱼音乐妨碍了我们在这一刻对这个孩子的管教。

举个例子，你可以想象一下今天你上5年级的女儿拿着她的第一张学习进度报告回家了，而这张报告显示她的数学平均分比你想象的要低，因为她生病缺了几天课。如果没有鲨鱼音乐作祟，你也许只会把原因归结为缺堂或者5年级的课程更有难度。你现在会设法让她弄懂那些知识内容，然后你有可能会，也有可能不会去找她的老师。换句话说，对于这个情况，你是从一个冷静而理性的视角来处理的。

但如果你还有个儿子在读9年级，他总是不认真对待自己的作业，并且连基本的代数题都做不出来，那么这个先决背景就可能成为你在看女儿的进度报告时脑海中盘旋的鲨鱼音乐。"又来了"这几个字犹如魔音入耳，占据了你的大脑。所以与其像你习惯的那样进行反馈，不如问问你女儿她此时有什么感受，试着去发现用什么办法对她来说最好，如果一直想着儿子那糟糕的代数成绩，你就会对女儿反应过激。你会喋喋不休地跟她说着成绩下降的后果，然后禁止她的各种课外活动。如果这鲨鱼音乐真的占据了你的心，你也许就会开始给她进行上一个好大学的说教，你会从她5年级时糟糕的数学成绩开始数落，一直到初中、高中阶段可能遇到的困难，再到全美各所大学雪花般飞来的拒绝信。不知不觉地，你那可爱的10岁女儿就成了一个正推着购物车走向河边那座大桥下她那个纸板箱的流浪女人，而这一切这都是因为她搞不清">"符号代表什么!

通常来说,去情绪化反馈的关键是觉知。只要你**意识到**鲨鱼音乐正在自己脑中鸣响,你就能转变自己的思维状态,停止现在的这种基于恐惧的管教。这种管教已经是过去式,它不适用于你目前所面临的情境。你应该与孩子进行情感连接,他现在可能感觉很沮丧。不再为了过去的期望和将来的畏惧,你给予她的是她此时所需要的:百分百陪伴在身边的家长,以及**专为这一情境、这一状况、这一个人所准备的**教育。

这不是说我们就不重视长期的行为模式。并且如果我们过分地强调行为发生的背景,也会陷入拒不承认孩子有错的状态。或者我们会为孩子的反复挣扎找各种理由,最后,就没能干预孩子的行为或帮助他们培养起所需的能力。这位不负责的家长你已见过,在他眼里,孩子从未行差踏错。详见下面的图。

与其去听鲨鱼音乐……

我又来了!

不如与需要你的孩子进行情感连接

> 你看起来好像对这个成绩很失望。

将"借口——这周的味道"作为固定模式进行教育的家长，多半受的是另一种类型的鲨鱼音乐所影响。有些家长的孩子在还小的时候体弱多病，自此那种让他们对孩子大惊小怪的鲨鱼音乐就缠绕着他们，让他们觉得孩子比实际上更为脆弱，采用上述教育模式的家长就差不多是这个意思。

鲨鱼音乐的坏处在于，它妨碍了我们去进行有目的性的教育，使我们无法随时保持孩子所需要的样子。它让我们变得不愿意接纳，而是逆反起来。有时我们需要调整自己的期待值，认识到孩子是需要更多时间成长才能表现出自己有进步的；而有时我们又需要调整期待值，认识到孩子有能力做得比我们所要求的更多，所以我们可以向他们提出挑战，让他们为自己的选择负起更多责任。又有时，我们需要关注自己的需要、欲望和过往的经历，因为这些都会左右我们做出明智的、即时决定的能力。问题在于当我们处于逆反状态时，便接收不到他人的信息输入；脑子里也想不到其他的选择，展现不了反馈灵活性。

我们的任务归根到底是要给予孩子无条件的爱和镇定的安抚，即使（**尤其**）是在他们最糟糕的时候。我们就是这样让大家都保持着接纳状态，不要走向逆反。我们看待他们行为的视角势必会影响我们对他们进行反馈的方式。如果我们将他们看作仍在成长的、拥有变化的、可变的、复合的大脑的年轻人，那么下次他们陷入困境或是做了我们所不乐见的事情时，我们就更能够秉持接纳的态度，只去听那平静的钢琴曲。只有这样，我们才能通过与孩子互动的方法带来更多平静和安宁。

另一方面，鲨鱼音乐还会在我们变得逆反时，将我们带出当下的情境和思维。它会助长我们内心的烦乱，让我们胡思乱想，担心各种在当下情境里无须考虑的可能。它甚至还会让我们不自觉地就假定孩子之所以要"来这么一段"，是因为他们自私、懒惰、骄纵或者我们认定的其他什么坏品质。然后我们就只能出于反感、愤怒、焦虑、情绪化和恐惧去进行反馈了,目的性与爱都被抛诸脑后。

所以下次你要进行管教的时候,请先暂停一秒,听听自己脑海里回旋的是什么配乐。如果你听到的是平静的钢琴曲,你感觉到自己能够给这个情境提供一个慈爱的、客观的、清醒的反馈,那么请继续吧,就照这个样子做。但如果你意识到自己脑海里盘绕的是鲨鱼音乐,那么请谨慎对待你要做的事和要说的话。请在进行反馈之前给你自己一分钟(如果有必要可以更长)来缓和一下。然后当你感觉到自己放下了那让你看不清真实情况的恐惧、期待和过分敏感时,你才可以进行反馈。只是注意一下管教时背景音乐是什么样的,你就能大大增进自己灵活反馈的能力,不再会表现得严苛而烦乱,还能立刻给予孩子他们所需要的东西。这一切的关键就在于理性反馈,而非机械反应。

## 情感连接准则之二:探求为什么

鲨鱼音乐的一个最糟糕的后果就是家长总是很热衷于根据自己那表面的感知去做出假设。如果恐怖的、充满情绪的配乐笼罩了你的思维,那你在与孩子打交道时就不可能会以客观的态度去追究为什么他们会这样做。你多半就只能根据也许完全不正确的信息做出简单的反应。你会认定有头鲨鱼在水里游,或者有头猛兽潜藏在树林后,即使根本没有这种事。

如果你的孩子们在隔壁房间玩耍,你听见小的那一个开始大哭,那么迈入房间,盯着大一点的孩子质问道"你刚刚做了什么"

似乎是很正当的。但是如果小一点的那个说，"不，爸爸，我只是摔倒了，然后把膝盖磕伤了"，你就会意识到那些看起来再明白不过的事情原来完全不对，而领你入歧途的就是那鲨鱼音乐（又来了）。因为以前年长的那个在玩耍时总是表现得很粗鲁，所以这一次你猜情况也差不多。

没有什么家长行为能比断定现在的情况最糟糕然后做出机械反应更加妨害情感连接的了。所以与其去猜测，去根据可能是错的信息来行动，不如试着去怀疑那些看起来太过明显的东西。请变身侦探吧。戴上夏洛克·福尔摩斯的帽子。众所周知，夏洛克·福尔摩斯，这位阿瑟·柯南·道尔笔下的人物曾经断言，"在拿到数据之前就开始推理是大错特错的。人们会不自觉地开始扭曲事实以迎合推论，而非拿出推论来匹配事实。"

与其去责备，去批评……

你刚刚做了什么？

对亲子关系来说，拿到数据之前就开始推理也是危险的。我们应该保持好奇心，应该去"探求为什么"。

好奇心是有效管教的基石。在你对孩子的行为（尤其是那些你不乐见的行为）进行反馈之前，请问问你自己："我想知道为什么我的孩子会这样做？"让这个问题带领你去向其他的问题："他现在想要什么？他是在要求什么吗？我应该发现什么？他是在表达什么？"

如果孩子做了我们所不乐见的事情，我们可能会想问："他怎么能这样做呢？"但是，我们要探求的是为什么。当你走进洗手间，发现你4岁的孩子用湿的厕纸和在抽屉里翻出的唇膏将水槽和镜子"装扮"了一番时，请保持好奇。感到沮丧没关系，但是请尽快地去探求为什么。让好奇心替代你现在所感到的沮丧吧。去和你的女儿交谈，问问她发生了什么。你很有可能听到一些至少在她的角度来看完全合理，但又很好笑的东西。当然，坏消息是你还是必须得把这一片狼藉打扫干净（最好女儿也能来帮手）。而好消息是你的好奇心将能使你听到一个更加准确、滑稽、有趣而真实的，关于孩子行为的答案。

当上2年级的儿子的老师打电话给你，要讨论儿子表现出的"冲动抑制"困难时，我们也可以这样做。老师告诉你说孩子藐视权威，因为他在课堂阅读时间发出噪声和不得体的评论。你的第一反应可能是开始和你的儿子进行一场主题为"先生，那不该是我们的举止"的对话。但如果你去探求为什么，去问他动机是什么，你也许会发现答案是："杜鲁门觉得我这样做很有意思，现在排队打饭时他可是让我站在他旁边啦。"你还是需要去进行理性引导，以适当的方式带儿子去探索游乐场政治⊖的复杂世界，但是，如果你愿意像上文说的那样做，就能获得有关儿子的情感需求和其行为的真正驱动力的更准确信息，并根据这个信息去行动。

探求为什么不代表我们就必须在每一个管教情境里都去问孩子"你为什么那样做"，实际上，这个问句可能暗指即时的判断和反对，而非好奇。并且有些孩子，尤其是那些年幼的孩子，也许不知道为什么他们会难过或者那样做。他们还不能对自己的目标和动机做出纯熟的洞察和认知。这也是我们不建议你**直接问**为什么的原因。我们是建议你**探求**为什么。而这更多的是关于在脑海中问为什么，关于让自己好奇起来，关于琢磨孩子的初衷是什么。

---

⊖ 游乐场政治（Playground Politics），指孩子进入学校之后所要面对的同侪社交关系，以及他们处理这些关系的方法策略。——译者注

与其去责备，去批评……

"她怎么能这样做呢？"

不如探求为什么

"我想知道她这么做的意图是什么。"

有时，我们想要管束的行为不像唇膏装饰和厕所恶作剧这么温和。有时，孩子做出的决定会带来物品的毁坏、身体的受伤和情感关系的损害。对这些情况来说，探求为什么就更加重要了。我们应该对是什么驱使孩子愤怒地扔出螺丝刀、殴打别的孩子或者出言中伤感到好奇。仅仅管束他的行为是不够的。大部分情况下，人类行为还是受目的驱使的。我们有必要知道行为背后藏着什么，是什么引起了这一行为。如果我们只关注孩子的行为（她的外在世界），而忽视了行为背后的原因（她的内心世界），那么我们就只能看到症状而非引起症状的病因。而如果我们只顾及症状，那么针对症状的治疗就会反反复复，不得断根。

但如果我们戴上福尔摩斯帽，去探求为什么，怀着好奇心去寻找行为背后的根源，就能充分地了解到孩子究竟是怎么了。我们也许能给需要解决的问题找出真正的原因。我们也许会明白自己的猜测是错误的。又或者我们会发现"坏行为"是孩子对过于有挑战性的东西的适应性反馈。举个例子，你的孩子每天体育课前就装病也许不是因为他懒、没动力或者纯粹抵触，而是因为他在同学面前做体育运动时会感到强烈的不安，而装病是他能想到的最好的应对策略。

通过琢磨孩子想要达到什么目的以及允许他们在我们仓促做出判断之前解释这个情况，我们最终能够获取来自他们内心世界的真实数据，而不再仅仅是根据猜测，错误的推论或者鲨鱼音乐就做出反应啦。此外，在探求为什么以及首先进行情感连接时，我们让孩子知道了家长是站在他们这一边的，是很关注他们的内心体验的。我们对任何情况都做出了反馈，而当我们不清楚究竟发生了什么时，就会给予孩子疑点利益：我们用这样的方式表达了我们的意思。再重申一次，这不代表对不当行为睁一只眼闭一只眼。这只是说明我们第一注重的是情感连接，而建立连接的方式则是发问,以及探求外在行为背后的东西和孩子内心发生的事情。

## 情感连接准则之三:想想怎么做

监听鲨鱼音乐和探求为什么这两个准则要求我们在管教的时候顾及自己和孩子的内心境况。而这第三个情感连接准则的重点则在于我们真正与孩子打交道时所用的方式。如何与无法自控、无法做出明智决定的孩子进行交谈?要得出答案并不容易。我们对孩子说了**什么**当然重要啦。但是如你所知,我们要**怎么**说也是同样重要的(如果不是更重要的话)。

设想有这么一个情境:你 3 岁的孩子还没爬上她的车座。以下是对同样**内容**的几个不同的**表达**:

- 怒目圆睁,手舞足蹈,大声而愤怒地说:"上去!"
- 紧咬牙关,眯起眼睛,激动地说:"上去。"
- 面部放松,声音温暖地说:"上去。"
- 表情滑稽,语调傻气地说:"上去。"

你应该懂了吧。这里发挥区别作用的是怎么说。你也许会在睡前威胁道:"现在就上床去,要不然就没故事讲给你听。"又或者你可以说:"如果你现在上床去,我们就有时间读故事书了。但如果你现在还不上床休息,我们就没时间了,就只能跳过阅读的环节喽。"信息是相同的,但传达的方式就很不同了,给人的感觉则是截然不同。这两种方式都展示了如何与他人进行交谈,都给行为设了限,都传递着同样的要求,但给人的感觉完全不一样。

正是这个**怎么说**，决定着孩子对自己和我们的观感，决定着他们能学到什么待人之道。另外，也还是这个**怎么说**，能在极大程度上决定孩子此时的反应，决定我们是否能收获一个让大家都更开心的好结果。如果孩子感受到了我们之间的连接，而我们也成功将他们带入了一场愉快而有趣的交流当中，那一般来讲，孩子转为合作状态的时间就会大大缩短。其中起决定作用的，正是这个**怎么说**。如果我们的**方式**是充满尊重的、有趣的、平静的，那么我们在管教这件事情上就能更有建树。

这就是三个情感连接准则。关掉鲨鱼音乐，探求为什么，想想怎么做——做到这三点，情感连接的准备就做好了。所以，当孩子做了我们所不乐见的事情时，我们还是有机会先去进行情感连接的，要把情感关系摆在第一位，要改进管教成果中还不如人意的地方。现在，让我们来看一些具体的情感连接策略。

## 去情绪化情感连接循环

情感连接其实是什么样子？我们在管教过程中，要做什么才能让孩子**感受到被感受**，并明白无论他们正在经受什么，我们都会一直陪伴着他们呢？

如往常一样，这个答案会根据孩子的特点和你个人的教育风格而有所不同，但通常来说，情感连接可归结为一个由 4 部分组成的循环过程。我们将其称为去情绪化情感连接循环。

顺序不一定是完全一样，但总体来说，要与情绪不佳或者行为不当的孩子进行情感连接，就得把这 4 个步骤走了。首先是表达安慰。

**去情绪化情感连接循环**

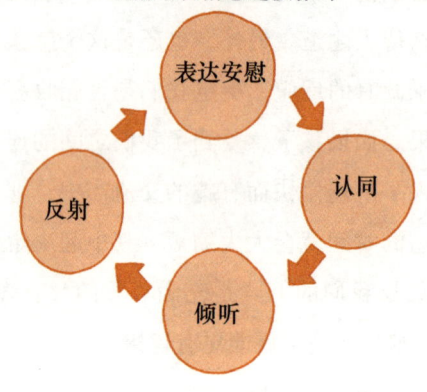

（表达安慰 → 认同 → 倾听 → 反射 → 表达安慰）

## 情感连接策略之一：表达安慰

谨记，孩子有时是需要你的帮助才能冷静下来，并做出明智的决定的。只有让他们的情绪达到最佳状态，管教才能达到最佳效果。正如抱住、摇晃或者轻拍婴儿是为了让她放松神经，你得帮助需要冷静的孩子冷静下来。言辞是有用的，在你找对了情绪时尤其有用。但是最能润物的还是细无声的东西。无须交谈，我们已能表达很多。

最有力的非言语反馈就是与孩子进行肢体接触，而你可能不自觉地就这样做了：你握住她的手臂，将她拉近，轻抚她的后背，抓住她的手。无论是像手指的轻捏这样细腻，还是像大大的温暖拥抱这样外露，慈爱的肢体接触就是有这样的力量，能够迅速缓和紧张的局面。

这其中的原因在于，当我们感觉到有人在以关爱的方式碰触自己时，让人感觉良好的激素（比如催产素）就会分泌并进入我们的大脑和全身，而作为压力激素的皮质醇，其指数会下降。换句话说，**给予孩子亲切的肢体爱抚一定有好处，可以促成他们大脑的化学变化**。如果你的孩子（或者你的同伴）感觉情绪不佳，请给予他满怀着爱的肢体触碰吧，即使现在情势仍是高度紧张，它也能让一切平静下来，并帮助你们两个建立情感连接。

　　肢体接触只是我们拿掉语言去与孩子进行交流的方式之一。即使我们没有吐出一个字，也是无时无刻不在向孩子传递着信息的。回忆一下你在管教孩子时的招牌姿势。你是否发现自己正摆着一张生气的脸，居高临下地俯视着孩子？也许你正以令人恐怖的语调说道，"住口"或者"马上停下来"。这种处理本质上与情感连接南辕北辙，对安抚孩子也不会很管用。这种夸张的反馈甚至会强化他的情绪。即使你的恐吓让孩子**看似**很平静，其实他的内心可能正翻腾着除平静以外的任何情绪。因为压力，他的心怦怦直跳。他实在太害怕，害怕到关上了情绪的闸门，隐藏了自己的感受，以期你不要火上一层楼。

　　你会以类似的方式对待一头情绪不佳的动物吗？如果你必须接近一只看起来很生气的狗，你会摆出强硬的姿势，命令那只狗"住口"吗？这并不明智，也不起作用。原因在于这会让狗觉得你构成了威胁，它别无选择，只能采取机械反应，要么蜷缩，要么攻击。所以，我们被教导说要想靠近狗，就得伸出手背，蹲下身子，以轻柔、安宁的语调同它说话。只有这样做，我们的身体才能表达这样的信息："我不构成威胁。"作为回应，狗会感到放松、平静、安全，然后才愿被靠近，被接触。

　　这个过程对人来说也是一样的。如果我们感到被威胁，那社交的脑回路就不能激活，就调不起那理性的、能够做出正确决定的、能够去共情和控制身心的上脑。我们只是进行简单的机械反应，而无法平静下来，做出明智的决定。从进化论的角度来说，这种反应是合理的。如果大脑侦测到威胁，下脑就会马上警觉起来，变得高度活跃。要想通过这种原始模式的功能来保平安，我们就得保持高度戒备，不假思索地迅速行动，或者进入打不过就跑，跑不过就顿住，顿不住就晕的模式。

这对孩子来说也是一样。如果我们要通过威胁，比如失望或生气的脸色、恼火的语调、恐吓的姿势（双手叉腰，摇晃手指，倾身向前）来表达逐步变得强烈的情绪，孩子身体内所产生的生物性反应就会激活他们的下脑。然而，如果他们的抚育者能够传达"我不构成威胁"的意思，那敏感的、攻击性的、不假思索就行动的下脑就会平静下来，然后孩子就可以进入一个能够好好自控的行为模式了。

所以，我们要如何传达"我不构成威胁"的信息给孩子，即使他正处于激动的情绪当中呢？得靠情感连接。最为有效的办法就是摆出与强硬和威胁相左的姿势。许多人说交流时要与孩子的视线等高，但最为快速的传达安全感和无威胁感的办法是低于孩子的视线，摆出放松的姿态，这样才能传达出平静的信息。你看其他的哺乳动物，它们也这样做，为了表明"我对你不构成威胁。你没必要攻击我"。

下次如果你的孩子情绪糟糕或者失控了，我们建议你试试这个"低于视线"的技巧。你可以坐在椅子、床或者地板上，这样就能低于孩子的视线了。无论你是要往后靠，还是要交叉双腿，张开双臂，只要保证你的身体能够传达抚慰和安全感就好了。你的言辞和身体语言要结合起来，传达出共情心和情感连接，并向孩子表明，"我就在这里。我会安慰你，帮助你。"孩子还是个需要你的小婴儿时，你得通过抱住他，摇晃他来让他平静，现在也一样。你还是可以这样平复他的神经系统，让他冷静下来。

我们也很兴奋：很多学过我们这一招的家长都汇报说这个办法简直"神了"。他们简直不能相信，孩子居然那么快就冷静下来了。还有件事让家长同样惊喜，那就是摆出放松的、不具威胁的姿势实际上还能让家长自己平静下来。他们汇报说这个办法比他们试过的任何其他让自己冷静下来的办法都管用，还能帮他们将高度紧张的事态控制到最好。当然，如果你是在汽车里或正在过马路，是不能突然跪在地上的，但你可以用你的语调和姿势，以及充满同情的言语来传达无威胁感，然后你就能与孩子建立起情感连接，并为你们两个带来平静。

通过低于视线的技巧来传达安慰

沉默的力量……

无声的信息：我现在很恼火。你让我筋疲力尽。我现在真是受不了你了。我的日子这么艰难，都要怪在你头上。

非言辞的表达是如此有力量。孩子可能会终日纠结在你察觉不到的，甚至也没人提过的东西上。而如你的微笑一样简单的东西就能缓和这种失望，并增进你们之间的感情。你应该熟悉这种时刻吧：你的孩子做了什么让自己感到兴奋的事情，比如踢进了一个球或者在戏剧表演里朗诵了一句时，就会在人群中寻找你的身影。你们的目光会交接，然后你会微笑，他便明白你是在说，"我看到了，我在分享你的喜悦。"这就是无声的情感连接所能做到的事。

但有时，它又会发挥截然相反的作用。请看下图，注意这些父母传达的都是什么信息。无须开口，家长已说得太多。

第 4 章　管教行为中的去情绪化情感连接　　**127**

无声的信息：我现在对你们感到非常生气，我会随时爆发。你们得害怕我，得非常害怕我。如果你们做了错事，别人就该这么反应。

无声的信息：你最好现在就按照我说的去做！我不在乎你是怎么想的，也不在乎现在是什么情况。我就是通过强权、控制和攻击性来得到我想要的东西的。

事实上，无论我们是有意还是无意，总会传递出各式各样的信息。如果我们不够小心，那么剑拔弩张的管教氛围中那些无声举动就会损害我们所追求的情感连接。抱臂，摇头，揉太阳穴，转动眼球，讥讽地对屋子里另一个大人使眼色，即使我们的言语正表达着对孩子所说事情的兴趣，那些无声的表达还是泄露了我们的心声。而如果我们的话语和无声的信息相矛盾的话，孩子就会去相信无声的那个。这也是为什么我们说注意自己在沉默时表达了什么非常重要。

如果我们这样做的话，就能将想要传达给孩子的信息传达得更好。

沉默的力量……

此时你与我分享的东西非常重要，比我们周围任何事情都重要，比我想说的任何话都重要。

我们并不是说即使你被孩子彻底激怒了，也不会在管教时表现得情绪激动，也不是说孩子永远不会误解你所要表达的东西，不会难过。处于情感关系中的双方自然都会犯错。如果有必要，你可以选择使用非言语的表达，因为它更能帮助孩子进行自我监督并抑制冲动。这其中的底线在于：我们要做到有目的性地去对待自己所传达的言语以及非言语信息，尤其是在试图与困境中的孩子建立情感连接的时候。你的点头甚至你的在场，都传达着关注。

我知道你今天在学校里过得很不爽。虽然我说不出什么合适的话，但我会永远与你同在。

你很棒，你给我带来许多快乐。虽然我对你做的决定不是那么的满意，但即使你犯错了，我也还是爱你的。

## 情感连接策略之二：认同，认同，认同

与处于逆反状态或者做出糟糕决定的孩子进行情感连接的关键在于认同。除了表达安慰之外，我们还要让孩子知道我们听到了他们的心声。我们能理解。我们心领神会。无论我们是否赞赏他们那些发泄性质的行为，都要让处于强烈情绪当中的他们感到被认同，感到我们与他们同在。

换句话说，我们想要向孩子的主观感受靠拢。从他们的角度来观察他们如何体验这一切，而这才是我们所关注的。就像二重奏里的乐器应该互相配合，才能奏出好音乐一样，我们也需要将自己的情绪反应与孩子的状况相配合。我们需要看到他们的想法，了解他们内心的状态，然后再借助这些，加上我们的反馈来靠近他们。只有这样做，我们才能走进他们的情感世界。我们要传达这样的信息，"我懂你。我感受到了你正感受到的，我承认你的感受。如果我在你这个年纪，站在你这个角度，我也会有同样的感受。"孩子在接收到来自父母的此类信息时，就会"感受到被感受"。他们感受到被理解和被爱。然后，作为一个大大的回馈，他们开始能够冷静下来，做出更好的决定，并听进你想要教导的东西。

实事求是地讲，认同就意味着不能将孩子所经受的事情全盘否认或者大事化小。如果我们认同他们的感受，就不能说，"为什么你要因为没有玩伴聚会而发脾气？你昨天在嘉莉那里待了一整天！"就不能说，"我知道你哥哥把你的画撕了，但再怎么样你都没有理由打他！你可以再画一幅。"就不能说，"别再担心啦。"

好好想想：在你感到难过或者不能良好地进行自控的时候，有人跟你说"你只是累了"或者那句烦人的"没什么大不了"，又

或者你"只需要冷静下来",你会感觉如何?我们在告诉孩子要如何去感受,如何不去感受时,就**否定**了他们自己的体验。

大多数家长都知道些比直接告诉孩子他们不应该难过更好的办法。但是如果孩子对某件不遂他愿的事反应很强烈,你是否会马上制止他?我觉得你们对这一情况的感受和体验很好笑,它不值得我们去理会,然而我们的本意不是这样,却经常传达出这样的信息。我们还会于无意中表示我们不想和孩子打交道,不想陪伴陷入消极情绪的他们。这等于是在说,"我不接受你的感受。你对周围世界的体验我不关心。"这会让孩子觉得自己好像隐形人,不受关注,孤立无援。

相反,我们要表示自己会永远与他们同在,即使他们正处于最糟糕的状态。无论他们是什么样子,有什么感受,我们都愿意去关注。无论他们在哪,我们都愿意去靠近;无论他们正经历什么,我们都愿意理会。对年幼的孩子,我们可能会说:"你今天真的想去米亚家对吗?但很遗憾,她妈妈不得不把聚会取消了。"而对大一点的孩子,我们就得去弄清他们经历了什么,让他们明白即使我们否定了他们的行为,却还是肯定他们的感受的:"基斯把你的画撕碎了,所以你才如此**抓狂**,对吗?我也很烦自己的东西被别人弄坏。所以我不怪你现在这么恼火。"记住,第一反馈永远是进行情感连接。理性引导这一步总会到来,你也确实要去管束孩子的行为反应,但我们首先得进行情感连接,因它能传达安慰和认同。

通常来说,认同是很简单的。你主要做的就是识别孩子现在的感受:"这真的让你很难过是吗",或者"我看得出你觉得自己被冷落了",或者宽泛地说"你现在肯定不好受吧"。在孩子感到难过时，识别他们的情绪是极为有力的反馈，因为它能带来两个好处。首先，帮助孩子感受到被理解，这有助于平复他的自主神经系统和激动的情绪，然后他才能拉动闸门，遏制进行反抗和突然袭击的冲动。其次，它教会了孩子这种情绪叫什么，并帮助培养了他们的情感智力，然后他就可以自己去识别、命名自己的感觉了，这能帮助他理解自己的情绪，恢复自控，然后才有可能进行理性引导。如我们在之前的章节里所述，情感连接（在这种情况中，通过认同来实现）能够帮助孩子从逆反状态转为接纳状态。

理会孩子的情绪之后第二步就是认同那些情绪。无论对孩子还是大人而言，能听到有人对自己说"我明白，我理解。我知道你为什么会有这种感受"，总是能颇受触动。这种共情能让我们卸下武装，放松僵硬的身体，平复内心的烦乱。即使某种情绪对你来说很可笑，不要忘了对你的孩子来说，它是真实的，所以，对他来说很重要的东西请不要不予理会。

与其冷漠应对……

错过一次玩伴的聚会有什么大不了的？

不如认同

> 我明白你现在很难过。
> 你真的很想去。

蒂娜最近收到的一封电子邮件倒提醒了她,并不是只有年幼的孩子才需要在难过时被认同。一位来自澳大利亚的母亲听过电台节目里蒂娜对情感连接之力量的讨论后写下了这封邮件。部分内容如下:

> 正在听这个节目时,我接到了来自我19岁女儿的电话,她正处于情绪崩溃的状态。她因为一个物理治疗而感到痛苦,她的银行账户里数字为负,今天的商法讲座有好多内容她都听不懂,明天的考试让她压力很大,工作又要求她再早两个小时上班。
>
> 我的第一反应是想说:"这都是第一世界的问题㊀。认命吧,公主。"但听了你的访谈之后,我认识到虽然

---

㊀ 第一世界的问题(First World Problem),是一个俚语,指的是第一世界国家的人们因为缺乏生存危机而去抱怨一些鸡毛蒜皮的小事。——译者注

这些确实是第一世界的问题,那也是我女儿的第一世界问题。所以我说:听到你今天过得不好,我也很遗憾,需要妈妈抱抱你吗?

这样说效果就很不一样。我能听到她深吸一口气,然后放松下来。我告诉她我爱她,我和她爸会为她买课本(这正是账户透支的原因)提供资助,考试结束的第二天我会请她去竹篮饭店吃她最喜欢的汤面。

打完这个电话之后她就放松多了,多亏我是这样反馈的。我们的反应总是很严苛,完全没有认识到它可能造成的影响。即使孩子差不多过了爱发脾气的阶段,能和我们相处得一片祥和,这些策略还是会经常派上用场的。

我们应该注意到,这位妈妈对女儿的体验有着很到位的认同。她不会用否认、轻视和指责来否认女儿的感受。她反而是承认女儿这一天过得确实糟糕,并且问她是否需要一个拥抱。女儿的反应,则是深吸一口气,放松下来。她有此反应,不是因为父母会在经济上帮助她,而是因为她的感受被承认、被明白、被认同了。然后那些真正的问题就可以随之得到处理。

所以如果你的孩子因为他的狗狗玩偶太软而没办法好好坐起来就开始哭喊、发怒、攻击兄弟姐妹们,闹脾气或者有任何能够显示他此时无法做出明智决定的行为,请肯定他行为背后的情绪。再重申一次,我们首先应该将他带出现在的状态。不过这种认同不代表允许伤害他人或者破坏财物。识别孩子的情绪并不就要赞成他的不当行为。像乐器的相配一样,你得与他合拍,这样你们两个就可以一起奏出美妙的音乐。你正看到的，就是真实的他；而你正追寻的，就是他行为背后的深意和潜在的感情。通过承认和识别他的感受，你认同了他的体验。

## 情感连接策略之三：别再说了，先听吧

大多数人都倾向于在管教时说得太多。如果你仔细思考一下这种反馈，其实是很滑稽的。孩子情绪不佳，做了糟糕的决定，于是我们想："我懂。我会教导他。如果我要求他安静地坐着，听我不停絮叨他做错了什么，那么下次他就能够冷静下来，做出更好的选择。"你想把孩子，尤其是已经成长的孩子，像闸门一样关上吗？他们只会搪塞一番，然后又重蹈覆辙。

另外，向一个情绪激动的孩子喋喋不休是一点作用也没有的。如果他的情绪已经爆发，那与他交谈，试着让他理解我们的立场就是最无谓的做法。例如，"他丢球的时候也不是有意要砸你的，这完全是个意外，所以不要生气啦"，"她不能把学校里的每一个人都邀请到派对上来"，这样说一点帮助都没有。

这种对理性的诉求其问题在于它假定孩子此时是有能力去倾听并做出理性回应的。但请记住，孩子的大脑是正在变化发展的。如果他感到受伤、愤怒或者失望，那么上层大脑的理性部分就不能充分发挥作用。这意味着通常来说，要想使他恢复自控，平静下来，用言语手段去追求理性并不是最佳办法。

实际上，言语经常与问题伴随而来。这个结论来自造访我们办公室的那些孩子。有时（尤其是在他们陷入了麻烦，并且也已经知道自己做错了什么时），他们会想冲自己的父母尖叫，"请不

要再说了!"孩子在难过时已经感官过载了。和他们交谈又能起什么作用呢?不过是进一步冲击他的感官,让他变得更加混乱,更加不堪重负,更加无力去学习甚至倾听。

所以我们建议家长听从我们针对孩子而提供的建议,别再说这么多话。"没有被邀请真的让你很受伤是吗?要我也会觉得被冷落了。"就这样去表达你的安慰,认同孩子的感受,然后就闭上嘴巴,张开耳朵吧。请**真心实意地**去倾听他说的东西。不要逐字逐句地打断他的话。他说自己再也不会收到其他聚会的邀请,并不是等着你去反驳或者质疑这种绝对的说法。你的职责是倾听这话里蕴含的感受。你要明白他是在说:"这件事真的出乎我意料。我居然没有被邀请,我很害怕这会对我在朋友圈中的地位造成什么影响。"

沿着这个思路,我们得去探寻孩子都有什么样的内心活动。我们应该聚焦于他的情绪,消弭此刻妨碍你与孩子同在的鲨鱼音乐。无论你有多么想,请不要与孩子争论,不要说教,不要为自己辩护,不要告诉他别那样觉得。现在不是教育或者解释的时候。现在是倾听的时候,你只要和孩子一同坐着,给他时间去抒发自我就好了。

## 情感连接策略之四:反射你所听到的东西

有了去情绪化情感连接循环的前三个策略,我们就可以表达安慰,认同感受,并且试图倾听了。第四步是将孩子所说的话反射给他们,让他们明白我们听到了。这种反射又将我们带回到第一个策略,因为我们又在表达安慰,这个循环又可以再来一遍。

将所听到的东西反射回去和第二步有点类似，但它与认同的相异之处在于现在我们的重点具体落在孩子所说的那些话上。认同这一步就是要识别孩子的情绪，对他们产生共情。我们可以说些像"我知道你现在有多生气"这样的话，但对孩子感受的反射本质上是将**他们说给我们听的话**传达回去。请好好去进行这个步骤，它会让孩子感受到被倾听，被理解。正如我们所说的那样，这能让孩子在感到被理解的同时，觉得特别平静和治愈。如果你能通过告诉孩子"我听明白你的话了，我跟你说我们必须从聚会上离开时你是真的很不愿意"，或者"怪不得你会因为那个抓狂呢，换作是我也会生气的"，而让他明白你是真的领会了他说的那些东西，就能大大缓和他正熊熊燃烧着的强烈情绪。

要注意你反射这些感受的方式。你也不想将孩子短期的、即时的情绪变得激烈而持久吧。举个例子，你6岁的女儿对哥哥的频繁戏弄感到很不舒服，她开始不停喊道："你是头蠢猪，我讨厌你！"女儿站在后院，把这段控诉重复了好一段时间，让邻居们都听见了（幸亏帕特尔先生此时正在修剪草坪），才扑向你怀里，无法抑制地大哭起来。

这时你该启动这个情感连接循环了。你将身段放到低于她的视线，抱住她，抚摸着她的后背，表现出共情的样子，以此来表达安慰，传递同情。你肯定她的感受说："我懂，亲爱的，我懂。你现在真的很难过。"你倾听着她的感受，然后将你所听到的反射回去："你真的很生气不是吗？"她的反应可能是大叫道："对，我讨厌吉米！"（哥哥的名字又被拽进了另一声大叫。）

接下来是最棘手的部分了。你想要将她正经历的感受反射给她，但是你不想强化她脑中的这一想法，让她觉得自己是真的恨哥哥。这种情况就需要我们踮着脚行进：小心一点，才能在保证对女儿真诚的同时又帮助她更好地去理解自己的感受，但是不去固化那瞬间的情绪，将其转变为长久的看法。所以你可以这么说："你这么生气我不怪你。如果别人这样戏弄我，我也会很讨厌的。我知道你爱吉米，你们两个几分钟前还能很开心地一起玩小马车呢。但是现在你对他很生气是吗？"这种反射的目的在于确保孩子能明白你是理解她的感受的，确保这样做能缓和她强烈的情绪，帮助她平息内心的烦乱，这样她才可以重回那幸福的河心。但是你不能让她将一种短暂的状态，即对哥哥的恼怒，视作他们情感关系中的一个稳定特质。所以你要将你的想法灌输给她，并提醒她在玩马车时与哥哥相处得还是很开心的。

　　反射孩子的感受还有另一个好处，那就是它能向孩子表明，他们不仅拥有我们的爱，还拥有我们的关注。有时家长认为孩子要求我们关注是不好的行为。"他只是想要得到我的关注。"他们如是说。这种想法的问题在于它假定孩子想要父母注意到自己，关注自己的所作所为是不好的。**而实际上从发展的角度来看，寻求关注的行为不仅完全合理，还能帮助巩固情感关系。对任何孩子来说，关注都是不可或缺的。**事实上，大脑成像研究也显示，身体疼痛的体验与情感关系伤痛，比如被排斥的体验，就大脑活动的位置来说是非常接近的。所以我们在给予孩子们关注，并将焦点放在他们的所作所为和所感所想上时，就是在满足他们情感关系以及情绪上的重大需求，他们会感到自己与你心心相连，会大受安慰。记住，惯坏孩子的办法有很多种，例如给予他们过多的物质，庇护他们免遭任何考验，从不让他们面对失败和失望的情绪，但给予他们大量的爱和关注绝不会惯坏他们。

这就是情感连接循环所能做的：让我们向孩子表明我们爱他们，看到了他们，无论他们怎么做我们都与他们同在。当我们关掉鲨鱼音乐，去探求为什么并考虑怎么做时，就是在表达安慰；就是在认同、倾听并反射他们的感受；就能建立情感连接，以清楚地传达我们的爱，并为理性引导做好准备。

第 5 章

# 1-2-3 管教：
## 理性引导——为了现在，也为了未来

罗杰正在车库里忙活，突然，他6岁的女儿凯蒂大发脾气，在外面愤怒地喊叫："爸爸！你能管管艾丽吗？"罗杰立马明白凯蒂之所以生气，是因为她那个过来玩的朋友吉娜与她9岁的姐姐艾丽相见甚欢。而艾丽那边很明显也非常愿意独占这个玩伴，这让妹妹感觉受到了冷落。

罗杰想了各种办法来与大女儿一起处理这一情况。一种是直接告诉艾丽，她需要给凯蒂和吉娜二人一点相处的时间，因为本来她们的玩伴聚会就是这么计划的。这个办法没什么错，但是如果罗杰在这种情况下这样要求并且强制执行自己的计划，就会错过让艾丽试着去使用上脑的重要机会。

所以，他走进屋子，将大女儿叫到一边，坦率地开始了一次简短的对话。罗杰抱着女儿一起坐在沙发上。针对艾丽的秉性和脾气，他决定以一个简单的问题开始对话：

罗杰：看得出吉娜和你正玩得很开心，你也能和比你小的孩子自在地待在一起。但我不知道你是否注意到因为吉娜把注意力全放在你身上，凯蒂不高兴了。

艾丽：（防备地坐直，面向她爸）爸爸，我没做任何很过分的事。我们只是在听音乐而已。

罗杰：我不是说你做错了什么。我是在问你是否注意到了凯蒂现在的感受。

艾丽：注意到了，但那又不是我的错！

罗杰：亲爱的，那不是你的错，对这点我完全没有异议。听好我的问题：你看出凯蒂已经不开心了吗？我是在问你是否注意到这个了。

艾丽：也许吧。

因为这句承认,我们知道艾丽的上脑开始介入这场对话了,哪怕只有微不足道的一点影响。她开始真正听进并且思考爸爸所说的话了。这时罗杰才可能去瞄准他想要激活并训练的那部分上脑。无须告诉艾丽她应该如何思考,如何感受,我们得让她自己来反思这一状况,并关注到他人此时的感受。

> 罗杰:为什么你觉得她也许生气了呢?
>
> 艾丽:我猜是因为她想要独占吉娜这个朋友。但是是吉娜自己来我房间的!我又没有要求她来。
>
> 罗杰:我知道。你说凯蒂想要独占吉娜这个朋友,或许你说对了。但是你觉得只是这样吗?如果凯蒂现在就站在这里,要告诉我们她是怎么想的,你觉得她会说什么?
>
> 艾丽:那是她的玩伴,不是我的。
>
> 罗杰:应该差不多吧。你觉得她说得有道理吗?
>
> 艾丽:我只是不明白为什么我们大家不能一起来欣赏音乐。真的,爸爸。
>
> 罗杰:我明白了。我赞成你。但是如果是凯蒂会怎么回应呢?
>
> 艾丽:就算我们大家一起玩,吉娜也只想和我玩在一起?

拜这些问题所赐,共情心终于破土而出了。这种认知是慢慢浮现的;我们不能期望一个9岁的女孩会因为同情妹妹情绪上受到的伤害就泪流满面,这种让人终身难忘的电影场面是绝不会出现的。但这是一个好的开始。艾丽至少开始有意识地考虑到妹妹的感受了（如果你也有小孩，就该明白家长教育中没有微不足道的胜利）。从现在开始，罗杰就可以主导这段对话，使艾丽能够更加有意识地去照顾凯蒂的感受。然后他就可以请求艾丽帮忙提出一个能够控制目前状况的方案——"也许我们可以再听一首歌，然后我就去准备开个睡衣派对？"这种做法就是通过让孩子作计划并且解决问题来进一步调动她的上脑。

我们并不总是能成功地发起这类引导式对话。有时候孩子会不愿（或者是不能）去发掘别的视角，去倾听和照顾他人的感受。最后罗杰也许只能告诉艾丽她必须去找点别的事情来做，正如莉兹的女儿不愿意在谁载她去学校这个问题上妥协时，莉兹也必须下达最后通牒一样。又或者他可以和三个女孩一起玩游戏，以确保每个人都能获得参与感。

但是请注意，罗杰在需要进行理性引导时，并没有针对这个情况立即输出自己的平等观。通过培养其共情心和解决问题的能力，他给了女儿一个锻炼上脑的机会。我们更多地去给孩子机会认识到不仅要考虑自己的愿望，还得照顾到别人的；更多地去锻炼他们做出明智选择的能力，以期给身边的人带去积极影响；他们就会做到更好。比起将孩子们粗暴地隔离开来，罗杰与艾丽间的这种对话花费的时间更久吗？是的。操作起来更难吗？也许。但是花费这些努力和时间以进行相互体谅、相互尊重的理性引导值不值呢？毋庸置疑。当这种做法成为你的默认选项时，它就能让你和一家人真真切切地感到轻松，因为冲突的次数减少了，而你在构建孩子大脑的同时，也不再需要经常去管束他的不当行为了。

第 5 章 1-2-3 管教：理性引导——为了现在，也为了未来

与其去命令，去要求……

> 你必须给她们两个人一点相处的时间。

不如唤起上脑

> 因为吉娜把全部精力都放在你身上，所以凯蒂不太开心。你注意到了吗？

## 1-2-3 管教

在本章中，我们会进一步去了解理性引导这个概念，大多数人想到管教这个词的时候，都觉得其意思和理性引导这个概念相同。孩子在做了我们所不乐见的事情，比如愤怒地丢东西时；或者不按照我们所期望的那样去行事，比如不愿乖乖刷牙，准备睡觉时，我们要如何进行反馈？理性引导。在进行了情感连接之后，我们要如何去管束不合作的、逆反的孩子，通过理性引导，让他们能够使用上脑做出更得宜的决策，并随着时日的推移将这些决策当成第二天性呢？

如我们曾经说过的那样，去情绪化管教关乎情感连接和对孩子做出的热情反馈，在重视短期的目标，即赢得眼前的合作的同时，也要注意长期的目标，即构建孩子的大脑。说到理性引导，有个简单易记的法子叫作 1-2-3，即关注它的一个定义，两个原则，以及三个所期望的结果。你无须记住这个方法的每一个细节（尤其我们在本书后面还给你准备了一个很方便的冰箱贴士）。当需要对孩子进行理性引导时，只要把这个 1-2-3 当成是结构框架就好，它能帮助你聚焦于那些重要的东西。

## 一个定义

说到引导孩子养成更好的行为习惯，我们要从管教的定义开始。当孩子做出不明智的决定，或者不能管理自己的情绪时，我们需要谨记**管教的要义在于教**。如果我们把这个简单的事实忘了，这整个的路线就会走歪。如果管教演变为惩罚，我们就会错失教育的良机。如果只看到不当行为的后果，孩子就没有机会随着内心的指引去体会自己的身心活动。

有位母亲给我们讲了个故事。有一次她和6岁的女儿在打扫她的房间时，翻出了一小盒蜡笔。几天前，她们去采购学习用品，她的女儿对这些蜡笔爱不释手。虽然妈妈没有买下这些蜡笔，但是女儿不管不顾地就把蜡笔偷偷藏进了自己的口袋里。

这位母亲说，当她发现这些蜡笔时，就决定直接去问问自己的女儿是怎么回事。小女孩看到妈妈把蜡笔捧在手里，并露出迷惑的神色时，她的眼睛立马瞪大了，并且充满了害怕和愧疚。在这样的时候，家长的反馈将会极大地决定孩子能从这种经历中获得什么。如我们在第1章所阐述的那样，如果家长将重点放在惩罚上，然后马上对孩子咆哮，打她屁股，将她关回房间，或者禁止某项孩子很期待的活动，那么她关注的点也会马上发生改变。她不会注意到自己内心生出的那种做错事的感受，也不会去反思自己在商店里偷拿蜡笔的决定，她的所有注意力全在家长这样惩罚自己，是多么苛刻，多么可怕这件事上。她甚至会觉得自己像是个受害者，即使是偷拿了蜡笔，却不知怎的，还有点心安理得。

这位妈妈没有这样做，她反而是选择了一种着重于教导而非给予即时惩戒的管教方法。她给了女儿一点时间坐好，并让她试着去感受拿了不属于自己的东西之后自然会有的那种不愉快但是有价值的罪恶感。是的，罪恶感也可以是很健康的。它是良知健全的证明！此外，它还能帮助约束孩子以后的行为。

这位母亲在和女儿说话的时候，跪下了身来（如我们在之前讨论的那样，是为了低于孩子的视线），一段可爱的对话开始了。6岁的孩子首先是否认拿了这些蜡笔，然后她又改口说自己不记得，再然后，经不住妈妈的耐心等候，她最终辩白说妈妈无须担心什么，因为"我是一直等到那个爆炸头女店员没注意看的时候"才把蜡笔放进短裤口袋的。这时，为了使女儿能思考一下还没考虑过的事情，妈妈问了许多问题："你知道拿走不属于自己的东西叫作什么吗？""偷窃犯法吗？""你知道商店里那个爆炸头女人也花了自己的钱去买那些蜡笔，才能够把它们放在自己店里卖吗？"

作为回应，女儿的头更低了，她努了努下唇，掉下大颗大颗的泪珠子。很明显，她为自己所做的事感到很不好受。她安静地哭泣着，妈妈将她拉近身旁，但是不去打扰她或者制止自然发生的这一切，她只是附和女儿说，"你正因为这件事感到很难过。"女儿点点头，继续哭着。在这个美好的时刻，有母亲安慰并陪伴着她的女儿。无须她做什么、说什么，管教就这么自然进行着。母亲抱着女儿，由她尽情地去哭，去体会这一切，过了几分钟，她揩去女儿的眼泪，并让她做了个深呼吸。然后她们再简单聊了一阵，聊到诚实，聊到尊重他人的财产，聊到即使在艰难的情况下也要坚持做正确的事情。

通过进行这种协作性的、反思性的对话，并将女儿的注意力导向她内心已感受到的犯罪感，好让管教自然发生而无须刻意去安排什么即时的惩罚，这位妈妈成功地让女儿反思了自己的行为以及它对其他人的影响，并让她学到了一些关于道德规范的基本知识，从而使她的上脑得到了锻炼。然后她们商量起要如何归还这些蜡笔给"爆炸头女店员"才最好。

去情绪化管教的要义完全在于教，而这也是这位母亲所看重的。所以她才会让女儿深入地去体会自己对偷拿蜡笔这个决定的感受和想法。通过让孩子内心的体验一直活跃在思维的前线上（而非将其情绪调转为对所受惩罚的愤怒），她成功地让女儿不仅意识到内心的不愉快，并且还能将这种感受与自己做出的糟糕选择（在此例中即偷窃）联系起来。再说对孩子进行惩罚只会起反作用，在我们生气且敏感的时候尤甚。因为它会将孩子的注意力从良知所传递给身心的有着能够培养自律性的强大力量的信息上转移开来。

记住，神经元是会一起被激活，并连接成网络的。我们要让孩子体会到此时做出了糟糕决定与彼时感到愧疚和不自在之间是有着天然联系的。大脑会被驱动着去回避那些带来消极感受的体验，所以如果孩子做了什么违背良知的事情，这种自然产生的令人厌恶的感觉会在他的意识思维里飞驰而过。但是如果我们帮助他意识到了这些感受和情绪，它们就可以成为道德约束和自我控制能力的重要依托。**他的自律和执行能力会得到开发，即使家长不在身旁或是无人监管，这些能力也会发挥效用**。孩子就是这样把这些东西刻入神经突触内。我们的神经系统可以成为我们的最好向导！

与其立马给予惩罚……

不如进行一场对话

"你能跟我说说这蜡笔哪来的吗？"

显然，不同的管教情境需要不同的家长反馈。这位母亲的反馈是在那个特定的时刻针对女儿需要学习的东西来进行的。如果是在其他情境下她可能就不是这么反馈了。这其中的关键在于一旦我们在管教时与孩子成功建立了情感连接，该进行理性引导了，就该谨记觉知的重要性，去帮助孩子的大脑进行学习。与孩子一起进行反思能够帮助他意识到内心的暗涌，而这能优化学习效果。在牢记管教的定义的同时，我们也要意识到交流想法有助于学习。管教的要义在于教，而教是为了更好地学。

## 两个原则

我们在对孩子进行理性引导时，也要遵从两个主要的原则，以它们来指导我们的行为。这两个原则与由它们而来的具体策略一道激励着孩子去合作，从而使大人孩子都更加轻松些。

## 原则一：等待孩子准备好

谨记我们在第 3 章所说的：情感连接使孩子由逆反转为接纳。所以如果你终于与孩子建立了情感连接，并成功地使他们准备好去倾听，去使用他们的上脑了，这时才可以开始进行理性引导。别行动得太早。我们时不时会听到这样的一种教育主张："孩子做错事时，你**立马**就得对他的行为进行处理，这个很重要。要不然他们就不会明白为什么自己要被管教。"但这种主张只会适得其反。

如果你经营着一个动物行为训练实验室，我们倒不会说这个主张有什么不好。对老鼠或是狗来说，这个办法是好的。但对人类来说就不是这样了。确实，有时候它是可以立马制约不当行为。然而通常来说，在不当行为发生之后立马进行干涉是**最糟糕**的办法。

原因很简单。通常来说犯错是因为孩子无法管住自己的强烈情绪。如果他的情绪失去控制了，那么上脑就下线了。大脑暂时处于紊乱状态，就意味着孩子无法完成上脑负责的那些任务：做出明智决策，为他人着想，考虑到后果，保持身心平衡以及进入学习者的接纳状态。我们也建议你尽快地去管束某种行为，但必须要等到孩子进入一种冷静而接纳的状态，没办法，只有等。即使孩子非常年幼，比如只有 3 岁，他也会记得最近（远至前天）发生的事情。所以你可以这样开始对话，"我想和你谈谈昨天睡前发生的事情。那件事是不是让人有点不愉快？"要想进行有效的教育,就必须等候合适的时机。

回归到我们在第4章做出的一些建议。如果你已经做好了情感连接,想知道现在是否应该进入理性引导阶段,你可以问自己一个简单的问题:"我的孩子准备好了吗?他准备好去听、去学、去理解了吗?"如果答案是否定的,那么这时候就不应该试着去进行理性引导。我们多半还需要继续进行情感连接。又或者对大一点的孩子而言,你可能需要再给他们一点时间和空间。

我们在与教育者进行交流时,经常要解释道:教育是有其最佳时机或者说最优状态的。如果学生因为困倦、无聊或者受其他原因的影响,其神经系统如我们所说的尚未唤起,那他们就还处于不接纳状态,没办法进行有效的学习。反之也并不好。如果学生的神经系统被过分唤起,也就意味着他们会感到焦虑、紧张,或者身体正处于高度活跃状态,静不下来。那也会让他们进入不接纳的状态,使得他们很难去进行学习。我们需要去营造一个环境,帮助他们恢复平静、机敏而包容的心态。这时才是进行学习的最好机会。

对孩子来说道理也是一样。如果他们的神经系统正处于尚未唤起或者过分唤起状态,他们就无法对我们想要教授的那些东西有多么接纳。所以如果我们要进行管教,就需要等待他们变得平静,机敏而包容。问问你自己:"我的孩子准备好了吗?"即使你已经做好了情感连接,安抚了孩子的消极状态,最好还是等到稍晚点甚至第二天,再去找个更好的时机明确地进行教育和理性引导吧。你甚至可以这样说,"我愿意等着,直到我们真的能够进行交谈,并且互相倾听。所以过会儿再来讨论这个问题吧。"

另外，就如问"我的孩子准备好了吗"一样，自问"我准备好了吗"也很重要。如果你正处于敏感状态之下，就最好等等再去进行这种对话。如果你不能进入镇静的状态，就无法做一名有效能的老师。如果你生气到没办法保持自控，那你与孩子的互动就很可能对你的教育目标和情感连接目标起到反作用。在这种情况下，这样说可能更好，"我现在太生气了，没办法进行一个有益的对话，所以我要花点时间冷静一下，然后我们再来谈谈吧。"然后等到你们都准备好了再进行管教，才会更加得心应手，取得更大的成效。

## 原则二：始终如一但不刻板

毋庸置疑，对抚养和管教孩子来说，坚持一致性是至关重要的。来我们办公室的许多家长都意识到自己在对待孩子时需要努力坚持（如就寝时间方面的、垃圾食品及媒体方面的）一致性。但是也有些家长过分看重一致性，致使它演化成了刻板，变得无益于孩子，无益于自己，也无益于亲子间的关系。

我们先来搞清楚这两个名词间的不同之处。**一致性**指的是本着一种可靠的、前后一致的哲学去行事，使孩子明白我们对他们期望什么，而他们又可以在我们身上期望什么。而另一边，**刻板**指的是对已定的规矩保持一种坚定的忠诚，甚至不对它们进行任何的思考，也不会随着孩子的成长试图去改变它们。作为家长，我们希望自己能够坚持一致性，但是不要变得刻板。

自然，孩子是需要一致性的。他们需要知道我们的期望是什么，如果他们打破了（甚至篡改了）大家一致认可的规矩我们将会如何应对。因你的可靠性，他们明白了在自己的世界里可以期望什么。此外，它能使他们感到安全，他们知道自己能够指望始终如一、踏实牢靠的你，即使他们内在和外在的世界都已是喧嚣不堪。这种可预见的、细腻的、向孩子靠拢的关心造就了安全型依恋㊀。它让我们能够给孩子提供所谓的"安全抑制"，在他们情绪崩溃时，有一个安全的堡垒和一条清晰的行为界限能起引导作用。你所设定的行为界限就像是金门大桥的栏杆。对孩子来说，栏杆能防止他一头栽进旧金山湾里，而过着没有清晰行为界限的生活就像是不安地行驶在没有栏杆的桥上。

但是刻板与安全感和可靠性无关，它的要义在于固执。它让家长没法在必要的时候做出妥协，没法去探求行为背后的情境和意图，没法意识到在某些时候破个例也是应该的。

家长之所以会变得对孩子刻板起来，一个主要原因是他们施行的是一套**基于恐惧的教育**。家长担心自己一旦妥协让孩子在某次就餐时喝了一点软饮料，他们就会一发不可收拾，从此在早餐、午餐乃至余生的任何一餐中都要来点苏格兰威士忌。所以他们握紧枪杆，坚决杜绝软饮料。

又或者他们6岁的儿子做了个噩梦，因为害怕所以想要爬进他们的被窝，但是他们担心自己这是开了个危险的头。他们说道，"我们不想他养成不好的睡眠习惯。如果我们现在不把这个苗头掐了，他整个孩童时期的睡眠习惯都会很糟糕的。"所以他们握紧枪杆，尽责地把孩子送回了他的床上。

---

㊀ 安全型依恋（secure attachment），是依恋理论中的一种依恋类型。在陌生情境中，一个安全型依恋的小孩当妈妈在身边的时候可以自由地探索环境，和陌生人互动，当妈妈离开时可能会难过哭泣，当妈妈回来时，小孩会很快地靠近妈妈寻求安抚。——译者注

我们能理解这种恐惧。我们也曾因为自己的孩子体会过这样的感觉。我们也认为家长应该时刻留意自己给孩子设定的行为规范。这也是为什么我们说一致性是如此的重要。

但如果基于恐惧的教育让我们认为自己<u>永远</u>不该破例犒劳孩子一次，或者我们除了恐吓孩子你这样做以后都会失眠，就没有别的方式去安抚在午夜里受惊的孩子，那我们就到了刻板的地步。这种管教的根基是恐惧，而非孩子在这一刻的需要。这种教育的目的是缓和<u>自己的焦虑和恐惧</u>，它没有去关注什么方法对引导孩子逐渐成长的思维、塑造他正在发育的大脑来说是最好的。

所以我们要如何在保持一致性的同时不让它演化成基于恐惧的刻板？那就要从认识到有些东西是不能妥协的开始吧。比如，无论在什么情况下，你都不能让蹒跚学步的孩子跑进正忙活着的停车场，不能让学龄儿童在无人监管的情况下去游泳，不能让青少年坐进酗酒司机的车子里。人身安全问题是不能妥协的。

然而，这不意味着你就不能破例，或者只是时不时对孩子犯的错睁一只眼闭一只眼。举个例子，如果你定过规矩说餐桌上不能玩电子产品，但是你 4 岁的孩子刚刚收到一个新的电子益智游戏机，所以他可以静静地玩，而那边你又可以和另外一对夫妇一起用餐，那么这也许就是给你的规矩破个例的合适时机。又或者你的女儿承诺说她会在用餐前写完作业，但是爷爷奶奶刚好准备来带她出门，你也许就该妥协，与孩子达成一个新的约定。

换句话说，我们的宗旨是坚持以<u>始终如一但是懂得变通</u>的方式来对待孩子，这样他们就会知道可以对你有什么期望，同时也明白有时你会充分顾及情境中的所有因素。这又回到了我们在之前章节所谈到的反馈灵活性。我们要有意识地去对特定情境做出

刻板

> 对不起，我知道爷爷奶奶在这，但是我们的规矩是要在吃饭前写完作业。

始终如一但是懂得变通

> 既然爷爷奶奶在这里，你可以等等再写作业。依你来看，最好什么时候写完呢？

反馈，我们的方法应能考虑到什么对孩子和家庭来说最有益，即使它意味着我们要在习以为常的规矩和期望上破例。

当我们说到管教的一致性与刻板之分时，应该看到问题在于我们希望达到什么样的目的。再问一次，我们想要教导什么？在正常情况下，我们要始终如一地维持我们的规矩和期望。但是我们也要避免变得刻板，忽视具体情境，并且因此错失教导自己想要教导的东西的良机。在管教中，我们有时需要寻求别的路径去达成目标，这样才能更有成效地去教导孩子。

有时，你也许可以试着"再来一次"。比起马上对出言不逊的孩子给予惩罚，你可以这样说："我猜如果再来一次，你就能想到更加有礼貌的方式来表达这个意思了。""再来一次"给了孩子第二次机会去好好处理某个状况。让他们有机会去练习如何做出正确的决定。你还是可以始终如一地保持着你的期望值，但是现在你所用的方法比强制进行刻板的、无谓的惩罚有益多了。

毕竟，管教的一大关键部分是能力发展。而这需要反复的指导和训练。如果你是在给踢不出直球的孩子所在的足球队当教练，你大概不会因为他的歪球而次次都去惩罚他。你反而会给他更多的练习机会，这样他就能越发地擅长将球踢往他想让它去的方向了。你要让他清楚并熟悉直角进球的感觉，你要让他看到球正中球门。同样地，如果孩子的行事达不到我们所设定的期望值，有时最好的办法是让他们去练习，以期最终能够达到期望值。

另外一个能够促进能力培养的法子是让孩子自己提出有创造性的反馈。虽然我们很想，但是说"对不起"是不能修好愤怒时摔碎的仙女棒的。写一封道歉信，用零花钱买支新的，想出这些办法才能让孩子学到更多，并培养出决策和共情能力。

需要强调的是，你在努力培养他的各种能力时，还是可以一边对其他做法保持变通开放的态度，一边坚持一致性的。孩子在

学习有关是非的道理时，也需要明白生活中不仅仅有表面的奖赏和惩罚。变通能力、解决问题的能力、对情境的考虑、对过错的弥补，这些都是很重要的。对孩子来说，最重要的是理解眼前的道理，在其中加入自己在成长过程中得来的个人洞察力，并且对他们所伤害的人怀有共情心，然后，他们才能明白要如何对目前的情境做出反馈，并防止这样的情况再次发生。

**换句话说，除了分辨对错，还有许多有关道德规范的东西我们都想一一教给孩子**。我们不想成为他们的交通警察，跟着他们到处跑，絮叨什么时候该停，什么时候该走，当他们触犯法规时，就给他们开罚单。教会他们如何有责任地去驾驶，给予他们能力、工具和独立做出明智决定的练习机会不是更好吗？为了完成这一任务，有时我们需要去接受灰色地带的存在，而不是死抠黑与白。我们不再根据之前订立的专横规矩作决定，而是要看在目前这个情况中什么对我们的孩子和家庭来说最有益。是的，要有一致性，但是不能刻板。

## 三个第七感成果

1-2-3 管教，指的是一个定义（教），两个原则（等待孩子准备好，始终如一但不刻板）。现在让我们来看看我们在进行理性引导时想要取得的三个成果。

"第七感"这个术语由丹尼尔所创造，是洞悉自己以及其他人想法的能力。它能让我们在发展有益人际关系的同时又保持健全独立的自我。当我们要求孩子在考虑自身感受（使用个人洞察力）的同时要去想象其他人在这个情境当中会有什么体会（使用共情心）时，就是在帮助他们开发第七感。

# 洞察力＋
# 共情心＝
# 第七感

我们之前已经说过第七感与整合的过程息息相关。你还记得分割开的东西，比如大脑的左右两边，情感关系中的两个人，一旦建立了连接，就叫作整合吧。如果不能完成整合，人就会变得烦乱或执拗。所以在一段情感关系中，如果我们在如何互相尊重对方的差异性这种问题上产生无可避免的分歧，或是没法充满同情地与对方建立连接，那整合的状态就被破坏了。要重建整合，就得**修复**这种裂痕。如果你发现在你与孩子的情感连接中突然出现了烦乱或者执拗情绪，那就有必要进行修复程序了。又如果我们做出了糟糕的决定，或是用言辞、行动伤害了他人，就得采取措施去修复这种情况，弥补过失。接下来让我们分别讨论一下这几个成果（洞察力、共情心以及整合／修复）。

## 成果一：洞察力

作为去情绪化管教策略的一部分，理性引导的最大成就就是它能帮助开发出孩子的个人洞察力。其原因在于我们会让孩子注意并反思在困境中时自己内心的感受和做出的反馈,而非简单粗暴地去命令、要求孩子达到我们的期望。这做起来并不容易,如你所知,孩子的上脑不仅发育得迟,还经常在管教时刻下线。但是只要去练习,去进行能够帮助开发洞察力的对话(这个我们已经讨论过,并将在下一章展开更加详细的阐述),孩子是可以变得更加明智,更加了解自己的。他们的第七感会得到开发,以使他们能够更好地去理解自己的感受,去控制自己应对困境的方式。

对年幼的孩子,我们可能只需要简单地点出自己所看到的情绪:"她拿走玩偶的时候,你的样子看起来真的很难过。是吗?"就搞定了。而对大一点的孩子来说,开放性的问题更加适用,即使这意味着我们必须"诱导证人"来理解他们自己:"我刚看到你对弟弟发脾气了,看来你是因为他老是缠着你所以越来越恼火。你现在是这么觉得的吗?"希望他们会这么回答:"对!他在……的时候,我是真的被他气疯了!"孩子每次对自己的情绪有了具体的认知,并且开始讨论它时,都能增进洞察力,加深对自己的了解。这种反思性的对话会培养出第七感。并且,这种对个人洞察力的重视能够帮助孩子取得理性引导的第二个预期成果。

## 成果二:共情心

在开发出个人洞察力的同时,我们也想让孩子拥有第七感图景中的另一种能力,即共情心。神经可塑性的科学知识教导我们,重复的反思练习,比如我们与他人进行的反思性对话,能够激活第七感脑回路。而对内在精神世界的反复观照也可以改变大脑的线路,开发、增强上脑中能够共情并以他人为中心的那部分,这一部分也被科学家称为前额叶皮质的社交回路。大脑的这一部分不止给第七感图景带来个人洞察力及与他人共情的能力,还能带来关于道德品质和相互理解的"我们"意识。这一切都是第七感脑回路所带来的。所以,我们要给孩子大量的练习机会,让他们去反思自己的行为是如何对他人造成了影响,去从他人的角度观察事物,去开发觉知他人感受的能力。

仅仅是发问并帮助孩子像这样去观察,就能比布道、演讲和惩罚有效得多。人类大脑能够自动拓展,以使我们理解身边其他人的体会,并将我们之间的情感连接视为"我们"的一部分。我们所体会到的不仅是共情,还有相互连接和整合的重要感觉,这也是道德想象、思考和行动的基础。

所以,我们越多地让孩子去练习思考他人对某一情况会有什么感受或想法,就越能让他们变得共情而体贴。随着这些关乎洞察力和共情心的脑回路成长起来,他们自然就能为自己的道德观打好基础，还会知道在尊重差异性的前提下，将大家的自我结合成为一个整体。此谓整合。

## 成果三：整合与裂痕修复

在帮助孩子考虑了他人感受，并反思了自己的行为是如何给他人造成影响之后，我们得问问他们，要怎么做才能在挽回局面、弥补过错的同时创造整合的状态呢？现在要求助于大脑的哪个部分呢？你猜对了：上脑。它的职责就是共情，坚持道德规范，思考各种选择的后果以及控制情绪。

我们通过发问来唤起上脑，在这一情境中，提出的问题是如何修复此时的境况。"你要怎么做才能弥补？为了弥补你要采取什么积极措施？你觉得现在应该要怎样？"基于洞察力和共情心的裂痕修复能帮助我们与他人重建情感连接，也即第七感图景中的"我们"意识。如果我们已经让孩子拥有了共情心和洞察力，就不仅得要求他采取行动去处理已受他的行为所影响的当下境况,还要要求他注意到其他人以及情感关系本身,并取得成效。

对任何人来说,在伤害他人或者做出糟糕决定之后要采取行动来补救都不是容易的事情,孩子也不例外。尤其如果孩子很小,或是性格非常害羞的话,家长也许需要鼓励他们,帮助他们认错。有时候,家长要为了孩子去道歉,这也无不可,只要你们两个事先达成了共识。毕竟,如果孩子还没有准备好,或者其神经系统因受到冲击而滋生焦虑,那么逼迫他给出不真诚的道歉也没什么好处。于是我们又说回去了:要问孩子是否准备好了。有时我们必须等待孩子的心境恢复正常。

走回之前的步骤,试着弥补过错从来不是一件容易的事。但是去情绪化管教能帮助我们让孩子学会这样做。它旨在取得这三个成果:我们要将重心放在给予孩子练习机会上,让他们凭借洞察力来更好地理解自身;怀着共情心,从他人的角度来观察事物;如果做错事,要采取措施去改进当前的状况。如果孩子能够增强自我理解的能力、为他人着想的能力以及采取措施去挽回局面的能力,他们就能在额叶中构建并巩固大量的情感连接,以使自己在成长为青少年和大人的路途上能够更好地理解自身,并与他人友好相处。本质上来说,你是在教导孩子如何在大脑中创建"我""你"和"我们"概念的第七感图景。

## 实践中的 1-2-3 管教

生活会给我们一个个构建大脑的机会。在罗杰与女儿讨论她独占了妹妹的玩伴这个案例中,我们得出这一道理。他不能轻率地跟女儿要求说："艾丽，为什么你不给凯蒂和吉娜两人一点相处时间呢？"如果这样说了，他就会错失一个教导艾丽并帮助她构建大脑的机会。

他是根据 1-2-3 方法来反馈的。通过与女儿对话（"你发现凯蒂不开心了吗？"），而不是一上来就发号施令，他抓住了管教的唯一定义：教。他也知道从两个关键的原则入手。首先，他通过让女儿感受到被倾听而非判断（"那不是你的错，对这点我完全赞成"），来使女儿**准备好**。其次，**他不会过于刻板**，他甚至向艾丽寻求帮助，她也针对眼下情况想出了一个挺好的反馈法子。于是他收获了三大成果，帮助女儿反思了自己的行为（"你觉得她为什么这么生气"）、妹妹的感受（"如果她现在就站在这里，想要向我们倾诉她的感受，你觉得她会说什么"），以及对这种情况她要怎么反馈，才称得上是整合性修复最好的应对方式（"让我们想个办法"）。

这种方法对大一点的孩子同样管用。让我们看看下一个例子中，这对夫妇是如何将这个方法用在他们上中学的女儿身上的。

在过去一年里每一个需要赠送礼物的重要场合中，尼拉的愿望清单第一位都写的是"手机"。她不止一次地跟她的爸妈史蒂夫和贝拉说，其他小孩"都"有手机。这对父母比他们的许多朋友坚持得都要久，但在女儿 12 岁那年，他们的态度终于软化了。毕竟，尼拉已经相当有责任感了，她现在有更多独立于父母之外的时间，有个手机会让大家都更方便些。他们采取了自己觉得有必要的各种措施，比如关闭手机的上网功能，下载过滤危险内容的应用程序，告诉她关于隐私和安全性的各种知识，就把这件事翻篇了。

头几个月,尼拉的表现让父母觉得自己的决定还是对的。她很珍惜这部手机,合理地去用它,她的父母也觉得确实方便了不少。

但是有天晚上,贝拉听到女儿在关灯一小时后还有咳嗽声,于是她打开女儿的房门,想要看看她是怎么了。尼拉床上的蓝光闪了一下就立马消失了,但是已经太晚了。她被逮了个正着。

贝拉按开顶灯,她正要说什么时,尼拉抢了个先,匆忙解释道:"妈妈,我很担心这次测验,所以睡不着。我只是想试着将注意力放在其他的东西上面。"

比起过度反应,贝拉有着更好的反馈,她现在的首要目标是让女儿乖乖去睡觉,所以她首先进行情感连接:"你想把注意力转到其他东西上面,这种需要我能理解。我也很不喜欢失眠。"然后她简单地说道,"但是明天再来讨论这个问题吧。把手机给我,我希望你现在就能入睡。"

贝拉把这件事告诉史蒂夫时,她才知道上个星期自己不在的时候,史蒂夫与尼拉也有过一次类似的经历,但他忘记提了。所以现在他们的女儿有两样行为都公然藐视了既定规则,一样有关手机的使用,一样有关睡觉。

史蒂夫和贝拉还是坚持着 1-2-3 方法,将重点放在管教的唯一定义上。他们想要教导、强调什么呢?是诚实、可靠、信任和尊重家庭成员一致通过的规则的重要性。他们在思考要如何应对尼拉的犯规行为时,始终把这个定义放在第一位。

然后,他们将注意力转向那两个原则。当贝拉只是拿走尼拉的手机,并要求她马上睡觉时,她展示了第一个原则,即确保女儿已经准备好。天已这么晚,每个人都累了,孩子也不该在这个点还醒着的,所以现在不是进行教育的最好时机。立马就对尼拉进行教导很有可能会招致各种情绪,让母女都沮丧而恼怒起来。不要传输马上入睡的诀窍,也不要立马给孩子上一课。更好的策略是等到第二天,贝拉和史蒂夫就会找到处理这件事的合适时机。不要选匆忙赶早饭的清晨,也不要在做午饭的时候,选晚饭之后吧,这时每个人都可以冷静的,从不同的角度来讨论这件事。

说到具体的反馈,就要用上第二个原则了:始终如一但不刻板。一致性当然非常重要。在要求尼拉在手机问题上保持诚实可靠这个方面,史蒂夫和贝拉有着清晰的立场,至少在这个案例里,女儿是没有遵守他们的约定的。所以他们需要以一贯的态度来面对这个错误。

但是即使是在面对错误时,他们也不想做出苛刻、仓促而过分的决定。他们的第一反应是无论如何要把手机没收了。但是经过讨论,并让冷静的头脑重新上线之后,他们认识到就现在的情况看,这种反馈太严厉了。除却眼下这个问题,尼拉在手机使用方面一直表现得很有责任感。所以他们决定与尼拉一起讨论这个问题,并要求她帮忙提出一个方案来解决眼前这个情况,而不是就这样把手机没收了。事实上,她确实提出了一个让大家都感到轻松了的改过方案:在入睡时,她会把手机放在房间外。这样她就不会在手机每一次亮起来的时候都被引诱着去察看了——手机没被没收,而爸妈也能确信尼拉可以好好睡觉。

这个反馈合情合理,也体现了尼拉良好的决策能力。他们一致同意如果再有什么麻烦或者尼拉再出什么极端的手机不当使用问题,那么除却一天中的某些固定时段,其他时候史蒂夫和贝拉会收回这部手机。

这种反馈让尼拉的父母能够在充分尊重她的前提下与她一起想办法，同时又坚持了他们的界限。通过这种反馈，史蒂夫和贝拉亮出了他们的统一战线，那就是始终如一地忠实于既定规则和期望，但又不会走向刻板，不会以不利于女儿、目前境况和亲子关系的方式进行管教。

所以，他们给了自己一个更好的机会去取得那三个期望的成果：洞察力、共情心和整合与裂痕修复。他们通过在发问和进行对话时的合作，帮助开发了女儿的洞察力。发问是为了帮助尼拉停止行为，并且思考自己这种在不应该的时候打开手机的做法："在做自己不应该做的事情时，或者在我们走进来，看到你正在玩手机时，你心里是怎么想的？你觉得我们会有什么感受？"其他还有一些问题可助她在将来的生活中凭借洞察力去做出更好的选择："**下次难以入睡时，除了玩手机，你还可以做什么？**"通过这些问题，尼拉的父母成功帮助增进了她的个人洞察力，构建了她的上脑，使她拥有了内心的指南针，并在未来生活中变得更加富有洞察力。此外，因为他们是以这种尊重她和她的需求的方式来处理这件事情的，尼拉在进入青少年时期后愿意与他们讨论更大事情的可能性也增加了。

这种情况下取得的共情成果与其他管教情境不同。我们经常会鼓励孩子在做了糟糕决定的时候去共情，我们试图让他们去考虑到被他们的行为所伤害的那些人的感受。而在眼下这种情形中，没有人真的受到了伤害，除了尼拉自己，她损失了部分睡眠时间。但是史蒂夫和贝拉还是想试着让她明白，他们对她的信任受到了一点，至少是一丁点影响。他们知道有比过分夸大这件事或者堕落到靠让孩子内疚和自怜来使她良心发现更好的办法，他们明白地向女儿表达了他们不会去使用这些法子的意思。但他们也会向女儿说明亲子关系的意义是多么重大。伤害信任也会伤害这种关系,而他们会因为这种伤害感到难过。

这一部分关于情感关系的讨论其重点在于整合,即不同部分的连接。整合让一个整体大于部分之和,整合给情感关系带去了爱。如果看重洞察力、共情心以及亲子间的关系,自然就会取得期望中的第三个整合性成果,即修复。一段关系一旦有了裂缝,无论是多么细微,我们都要尽快去修复它。而尼拉的父母需要给她这个机会。在讨论要实行什么政策来处理深夜玩手机的行为时,他们问了一些问题,以帮助孩子思考不遵守承诺对情感关系的影响。然后,他们拒绝用情绪去操纵她,让她感到愧疚,而是问了一些善意的问题,比如"你可以做点什么来修复我们对你的信任呢"。他们必须先"诱导证人",帮助尼拉思考要如何通过行动去巩固这种信任,比如只用手机打电话以及定期向父母报到,或是到了晚上,无须命令就自觉把手机放在房间外。这样做就表示她明白了要如何有意识地去重建父母对她的信任。

注意,尼拉身上发生的事属于父母必须要面对的日常典型行为。但有些行为管束起来还是有一些挑战的,这时可能需要专业人员给你提供帮助。有时,那些难以管束并持续好长时间的极端行为是另一些正在发生的问题的信号。如果你的孩子经常处于激烈的逆反状态,并且对你想要纠正他的努力不予理睬,那你可能需要去找儿童精神治疗医师或者儿童发育专家咨询一下,他们会积极地与你一起研究这个情况,看看能不能通过一些干预措施来帮助你和孩子。根据我们的经验来看,会表现出频繁而强烈逆反状态的孩子也许正经受着更多的内心纠结,这些纠结可能与感官整合问题、注意力加（或）冲动问题，以及情绪紊乱问题有关。此外，精神创伤史、过往的艰难经历或是亲子关系的错位都可能造成行为问题，它们对自我约束能力是潜在的威胁，也许会成为情感关系嫌隙不断的原因。我们建议你去寻求专家的帮助，以帮助你克服这些问题，并带你和孩子走上优化发展的道路。

  在大多数管教情境中，只要能采取全脑管教法，孩子就会更加合作，家里就会更加平静祥和。1-2-3 管教并不是一定要严格遵守的公式或者法则。你不用把它死记硬背并坚定不移地照办。我们只是在给你一些指导，让你可以在需要进行理性引导的时候记起它们。通过回忆管教的定义与目的、有指导作用的管教原则，以及期望取得的成果分别是什么，你将能给自己创造一个更好的机会，用能够使孩子更加合作、家庭成员间的关系更加美满的方法去管束和教育孩子。

第 6 章

# 行为管束：
## R-E-D-I-R-E-C-T，就是这么简单

安娜 11 岁的儿子保罗从学校里来电话，询问说他今天下午能不能跟他的朋友哈里森一起回家。根据保罗所说的计划，他们会走回哈里森的家，然后他们会做好作业，接着玩到晚饭时间。安娜问哈里森的父母是否知道他们的打算，保罗保证说他们知道，于是安娜告诉儿子，她会在吃晚饭之前去接他。

然而那天下午晚些时候，当安娜给哈里森的妈妈发短信，告诉她说自己过几分钟就会去接保罗时，哈里森的妈妈却告知说她正在上班。然后安娜得知哈里森的爸爸也没在家，他们都没听保罗说过这计划。

安娜生气了。她明白这中间也许多少有些误会，但是看起来真的很像是保罗撒谎了。情况最好是保罗自己也没搞清楚他们的计划，但如果是这种情况，当他知道哈里森的父母没在家也联系不上时，就应该告诉她。最坏的情况则是：他纯粹就是对她撒了谎。

从哈里森家载保罗回家的路上，安娜很想对他发火，惩罚他，并愤怒地教导他关于信任和责任感的道理。

但她没有这么做。

她采取了全脑管教法。儿子已经不小了，此时他的大脑也并不处于逆反状态，要达成"情感连接"只需抱抱他，问他是否玩得愉快就好。然后她直接向儿子展示了何谓怀着尊重去进行沟通。她告诉他自己与哈里森的妈妈通短信了，然后简单地说："我很高兴看到你和哈里森一起玩得这么开心。但我有个疑问。我知道你应该明白信任在我们的家庭里有多么重要，所以我很想知道这中间发生了什么事情。"她以平静的语调这样说着，没有表现出一点严厉的态度，反而是传达了对这一情况的不解和好奇。

安娜采取的方法是从好奇心出发的，她先给予了儿子疑点利益，然后再进行管教，这样做可以遏止冲突在这一管教情境中产生。即使她现在很生气，她也没有立即断定说儿子是有意欺骗了家长。所以，保罗听进了妈妈的问题，却没有觉得被直接指责了。此外，她的好奇心让保罗觉得自己有责任公正地检视自己，所以他必须反思自己的决定，而这能让他有机会锻炼一下自己的上脑。安娜的管教方法让保罗明白，妈妈是在假设自己大部分时候都能做出明智的决定，所以当她发现儿子并不是这样的时候，会感到很疑惑也很惊奇。

就这件事情来看，保罗确实没有做出明智的决定。于是他向妈妈解释说，哈里森觉得他爸爸应该在家，但是当他们走到门前时，却发现他爸爸没在。他也知道自己应该马上让妈妈知道这事，但就是没行动。他会说："我懂了，妈妈。我应该告诉你其实没人在家。对不起。"

然后安娜就可以进行回应，并从情感连接转向理性引导了，她可以这样说："是的，我很高兴你也清楚应该告诉我一声。那跟我详细说说为什么没告诉吧。"但是她明白自己不只想通过理性引导来管束这一种行为。她觉得可以通过现在这个机会帮助儿子培养重要的人际交往能力，并且使他明白自己的行为有点伤害了她的信任，也违反了如果计划有变要知会一声的家庭共识。所以她在进行理性引导之前，先遏制了自己的怒火。

## 在进行理性引导之前：先说平静，再谈连接

你有没有看过那幅自第二次世界大战后就流行开来的英国海报？上面写着"保持平静，继续前行"（Keep Calm and Carry On）的那幅。当你的孩子或者你自己大发脾气时，不如把这句话当成清心咒。安娜明白在面对保罗的行为问题时保持平静有多么重要。暴怒和对他吼叫不会对任何人有任何好处。事实上，它们还会让保罗逃得远远的，并且她现在的重点是利用这个管教机会来约束孩子的行为并进行教导，而暴怒和吼叫会将他的注意力从这个重点上转移开来。

接下来我们会看到并谈到对做出糟糕决定或者完全无法自控的孩子进行理性引导的各种方法和策略。但在你决定要用哪种策略去引导孩子使用他们的上脑之前，应该先做一件事：检视**自身**。请记住，一定先要自问"我准备好了吗"，这与自问"我的孩子准备好了吗"同样重要。

设想你一走进刚刚打扫过的厨房，就发现 4 岁的女儿正坐在柜台上，身边有一个空的鸡蛋箱和一打破碎的蛋壳。她正在用她的沙铲搅拌着满满一桶的蛋液！又或者你 12 岁的儿子在星期天下午 6 点通知你说，他的 3D 细胞模型是明天早上就交。尽管他之前跟你承诺说所有作业都做好了，然后整个下午都在和朋友打篮球、打电玩。

在这种令人懊恼的时候，你最好是暂停一会儿。要不然你那逆反的大脑也许会让你开始吼叫，或者至少开始说教说一个 4 岁的（或是 12 岁的）孩子理应明白更多道理。

别这样，暂停下来吧。只是暂停。让自己缓口气。别做出反

应，别实施惩罚，别在这个火气正旺的时候开始说教。

我们知道这并不容易，但是请记住：如果你的孩子做错了什么事情，你得通过理性引导来让他们恢复上脑的工作。所以你也该先恢复你自己的，这个很重要。如果你3岁的女儿正在闹脾气，请记住她只是一个小孩，她控制身心的能力有限。而你的职责是做好你们这段情感关系中的大人，承担起家长的义务，在这场情绪风暴中做一个安全宁静的避风港。**你对孩子的行为做出反应的方式会对整个局面的走向造成重大的影响**。所以在你进行理性引导之前，请先检视你自己，尽最大的努力保持平静。由上脑发出的暂停指令反过来也可以增强上脑的力量。另外，如果你能向孩子展示这种能力，他们就更可能靠自己去掌握这些能力。

所以说，在暂停的过程中保持清醒和平静，才是你第一步该做的。

然后请记得进行情感连接。在管教孩子的同时保持平静、慈爱和体贴是完全可能的。而且，这种态度的**效果是很显著的**。在针对想要改变的行为进行对话时，请你不要低估了亲切语调的力量。请一定记住，你在试图保持坚定一致的管教原则的同时，仍然要以能够传达温暖、爱、尊重和同情的方式与孩子进行互动。管教的这两个方面可以，也应该共存。此即安娜在与保罗交流时想要达到的平衡状态。

如我们在整本书中都宣扬的那样，孩子是需要行为界限的，即使他们此时正处于糟糕的情绪当中。但是我们可以做到一边把持这个界限，一边向孩子行为之后的愿望和感受表示共情和认同。你可以这样说："我知道你真的很想再来一根冰棍，但是我不会改变主意的。你可以哭,可以伤心失望。而在你难过时候,我会陪伴你,安慰你。"

记住,不要对孩子的感受不屑一顾。你要认同他们内心的主观体验。如果孩子对某个情况反应激烈,并且这反应似乎还特别没来由,甚至可称荒谬,那么家长可能就会想要说些像"你只是累了","这不是什么大事"或者"为什么你对这个如此生气"之类的话。但是这种言辞极度轻视了孩子的体验,即他的想法、感受和愿望。而在进行应对之前,先去倾听、去共情以及真正去理解孩子的体验才是更加热情而**有效的**做法。孩子的愿望对你来说可能很荒唐,但是不要忘记,它对孩子来说是真实的,你不该去蔑视对他来说很重要的东西。

## 保持平静,再谈连接

所以在管教中,请先保持平静再进行情感连接,然后你就可以继续下一步,用上你的那些理性引导策略了。

## 帮助进行理性引导的 R-E-D-I-R-E-C-T 策略

这一章接下来的内容也许是你期盼已久的：具体的去情绪化理性引导策略，它们可以供你在完成与孩子的情感连接之后引导他们恢复上脑的工作。为了整理这些策略，我们以它们的首字母为序，列举如下：

少说话（reduce words）

接纳各种情绪（embrace emotions）

要叙述，不要说教（describe, don't preach）

让孩子参与管教过程（involve your child in the discipline）

用有条件的肯定表达反对的意思（reframe a no into a conditional yes）

着重于积极的东西（emphasize the positive）

创造性地处理问题（creatively approach the situation）

传授第七感技巧（teach mindsight tools）

在我们进入具体的阐述之前，请先搞清楚：这个单子并不需要强记。我们只是列举了部分这些年来与各位家长打交道的过程中觉得最有帮助的建议。（顺便提一句，我们在书后的附录中也列了这个单子。）你可以将这些策略都纳入你的管教工具箱，然后在不同情境中，根据你自己的管教观以及孩子的脾气、年纪和成长阶段来选择最行得通的那一款。

## 理性引导策略之一：少说话

在管教互动中，家长经常会觉得有必要指出孩子哪里做错了，并点出有哪些地方下次需要改进的。而另一方面随着孩子渐渐长大,他们通常也明白自己哪里做错了。他们最不喜欢的(或者说最不需要的)就是关于他们犯的错误的冗长说教。

我们强烈建议你在进行理性引导的时候,要抑制自己讲太多话的冲动。处理问题和进行教育固然重要。但在这么做时,请保持言简意赅。不论你的孩子年纪有多大,冗长的说教是不大可能让他们更有倾听意愿的。你只是在以过多的信息和感官冲击来碾压他们。其结果就是他们经常懒得理你。

和可能**还不懂得**好坏之分的年幼孩子相处时,少说话就变得更为重要。通常来说他们还没有接受冗长说教的能力,所以我们真的还是少说话为妙。

家长说出口的:

以负责的态度对待功课非常重要,因为你现在作出努力是为了在未来能够养成良好的习惯。真的,我已经强调了一万遍了。好习惯真的非常重要。它们会伴随着你走进高中,走进大学,走进职业生涯,走进你的婚姻,走进……

孩子听进去的:

若你正在蹒跚学步的孩子因为你的注意力全在另一个孩子身上,却忽略了她而恼怒地打了你,你也不应该就此展开一段冗长而乏味的演讲,喋喋不休地说着为什么将打人作为发泄负面情绪的方式是不好的。你应该试试用下面这个四步法来处理这个情况,然后把这一页翻过去,而无须多说一句话。

如果我们这样去应对孩子的行为,然后将事情翻篇,就可以马上回到正确的轨道,避免对消极行为投入太多关注。

无论是对年幼还是年长的孩子,我们都要避免在管教的时候说得太多。如果你的确需要尽量讲清楚一件事,请试着用提问和倾听的方式去讲。如我们接下来将要阐述的那样,共同讨论可以帮助进行各种重要的教导和学习,家长无须像他们通常所表现的那样滔滔不绝,就能达到他们想要的管教目的。

在四步内应对孩子的不当行为

第一步：进行情感连接，正视行为背后的情绪

> 噢，你现在很恼火吗？有时候等待确实很熬人。

　　我们的基本理念与"节约发声"这个概念有点类似。政客、商人、团体领袖以及任何其他依赖于有效的交流去达到目标的人都会告诉你，很多时候他们都得战略性地节约自己的发声，控制自己说话的量。他们这个发声不是指字面意思上的发声，不是指说多了会让嗓子变得沙哑。他们的意思是说在讨论或表决会议中要试图不去管那些微不足道的东西，这样在面对真正重要的东西时他们的话才会更具分量。

　　对孩子来说道理也是一样。如果他们总是不停地听到我们念叨什么该做什么不该做，并且把明示过的观点再拿来三令五申的话，他们迟早（多半很快）就不会再愿意听了。如果我们能节约发声，只去理会自己真正在乎的事情，停止喋喋不休，那么我们所说的话就更能掷地有声。

第二步：正视行为

第三步：给出其他选择

想要孩子更加听你的？请言简意赅。只要处理好了他的行为以及行为背后的感受，就马上将这一页翻过去。

第四步：翻篇

> 嘿！让我们出去看看那些虫子是不是还在人行道上呢。

## 理性引导策略之二：接纳各种情绪

处理不当行为的最佳办法之一是帮助孩子认清情绪和行为的分别。这个策略与情感连接这一概念有关，但是我们在这里要强调的东西与情感连接还是完全不同的。

接纳各种情绪的意思是在理性引导中，家长需要帮助孩子明白，他们的感受没有所谓的好坏之别、有用无用之分。他们**就是那**

**个样子**。生气、难过或者感到恼火所以想要毁坏什么都没错。但是同意他想要毁坏什么的**感受**不代表同意他真的这么做。换句话说，只有那些被情绪驱使之下**做出的**事情才能决定这行为是好还是不好。

所以我们传递给孩子的信息应该是："你可以想所欲想，但是不能为所欲为。"从另一个角度思考，就是**即使我们必须对孩子的行为说不，也得对他们的欲望说好，并且引导他们去做出适当的行为。**

所以我们可以这样说："我知道你想把购物车顺回家。它真的很好玩。但购物车需要待在商店里，这样才能供其他的顾客来使用。"又或者可以说："我现在完全能明白你对哥哥的讨厌。当我也还是一个小孩的时候，我也经常对自己的姐姐有这种情绪，并且会因她大动肝火。但是大吼'我要杀了你'并不是我们与他人交谈时该有的样子。生气没关系，你也完全有权利告诉哥哥你的感受。但我们还是来讨论一下有没有其他什么表达情绪的办法吧。"即使你该对行为说不，也要对感受说好。

如果我们不辨明、不认同孩子的感受；又或者如果我们暗示说他们应该抑制自己的情绪，或者他们的情绪"没什么大不了"，很"愚蠢"，那就是在表达这样的意思："我对你的感受不感冒，你不应该拿它来与我分享。你应该将那些情绪积压着。"设想一下这会给情感关系造成多大的冲击吧。随着时间的推移，孩子将不再乐意与我们分享他们内心的体会！这样一来，他们整个的情感生活就会开始萎缩，并使他们越来越无法充分参与有益的情感关系和互动。

更为糟糕的是，如果父母轻视或者否认孩子的感受，那么孩子就会产生所谓的"不一致核心自我"。如果孩子正处于强烈的悲伤和沮丧之中，妈妈却回应说"放轻松"或者"你好得很"，那他就会发现，在无意识层面里，他对某种情境的内心反应与来自最信任之

人的外在反馈并不匹配。作为家长,我们应该提供所谓的"随因反应",这个词的意思是我们得认同孩子的思维里所发生的一切,针

与其压制情绪……

噢,你并不讨厌你哥哥。

不如对情绪说好,对行为说不

我知道你现在觉得自己是讨厌哥哥的,但我们还是看看有没有别的方式来表达这种情绪吧。

对孩子的真实感受来调整自己的反馈。如果孩子在某件事上有所体验,而他的抚育者给予的反馈与之相一致,即如果他们之间的这些东西是匹配的,那么孩子内心的体会就显得有意义起来,他就能理解自身,就能满怀自信地给内心的这种体会命名,并且能就此与他人交流。他将会成长起来,并学会从"一致核心自我"出发来行事。

但如果这种匹配并不存在,此刻妈妈的反馈与女儿的感受并不一致又会怎样?偶尔一次匹配不上不会造成持久的影响。但如果孩子只要不开心,就会被反复劝说"别哭了"或者"你干什么这么难过啊?其他人都开开心心的"的话,她就会开始怀疑自己准确观察以及理解内心波澜的能力。她的核心自我会变得更加不一致,这会让她感到困扰,满怀对自己的疑虑,无法明白自己的情绪。随着她长大成人,她也许会经常觉得自己的情绪实在是没来由。她也许会怀疑自己的主观体验,有时甚至很难明白自己想要什么或感受到什么。所以说,在孩子感到难过或者失控时,接受他的情绪并提供随因反应真的至关重要。

在理性引导中承认孩子的感受还有一个好处,那就是可以帮助孩子更轻松地学会我们想要教给他们的各种东西。在我们认同他们的情绪,辨明他们体验事物的方式(真的从他们的角度去观察事物)时,他们神经系统中的叛逆性就会开始平复并得到调节。等他们终于回到理性的状态了,就会有能力管好自己,听进我们的话,并做出明智的决策。而如果我们否认孩子的感受,拼命地去贬低它或者试图将孩子的注意力转移开来,就是准备让他们又轻易地堕入失控的状态,又感到无法与我们进行情感连接,这意味着如果事情不如他们所愿的话,他们就会在高涨的怒气之下行事,并且更容易情绪崩溃或者封闭情感。

另外，如果我们对孩子的情绪说不，他们就感受不到被倾听和尊重。我们要让他们知道，我们会一直守候着他们，会一直倾听他们的感受，他们可以来跟我们讨论任何他们担心的或者正在对付的事情。我们不想造成这种误解：只有在他们感受到愉悦或者其他积极情绪的时候，我们才会与他们同在。

所以说在管教互动中，我们得接受孩子的情绪，并教会他们也要这样做。**我们要让他们深信，即使我们正在教导他们区分行为的对错，他们的感受和体验也始终会受到认同和尊重。如果孩子能从进行理性引导的家长身上感受到这一点，他们就会更加愿意去学习家长教导的东西，这意味着随着时间的流逝，管教的总次数会渐渐减少。**

## 理性引导策略之三：要叙述，不要说教

许多家长在孩子做了不乐见的事情时，往往爱进行批评和说教。但在大部分管教情境中，这些反馈完全没有必要。我们反而应该只是简单地叙述自己所看到的，孩子们会很清楚我们在说什么，就跟清楚我们在大吼、贬损和挑剔时所要表达的意思一样。并且，他们在接受这种信息时，会少点防备和情绪。

对一个蹒跚学步的儿童，我们可能会这样说："啊，你在乱丢那些卡片。那这个游戏好难玩下去啊。"对大一点的孩子，我们可以说："我看见餐桌上还有盘子呢"或者"你对哥哥说的话听起来挺刻薄的"。我们只需叙述所看到的东西，就可以与孩子开始对话，打开合作的大门，并对其进行更好的教导，其效果绝对好过马上训斥说"别和你哥哥那样说话"。

这其中的原因在于，即使是年幼的孩子，在大部分时候都已

能区分对错。你已经教过他什么行为可以被接受，什么不可以。通常来说，你所要做的全部事情就是对你所观察到的行为保持关注。本质上，这就是安娜在同保罗说话时所做的，"我知道你明白信任在我们的家庭里有多么重要，所以我很好奇这中间发生了什么事情。"**孩子不需要家长告诉他们别做出糟糕的决定。他们需要家长对他们进行理性引导，帮助他们认识到自己做出的决定是糟糕的，并且搞清楚是什么让他们做出了那些决定，这样他们就能纠正自己，改变那些需要被改变的东西。**

你当然得教育所有孩子，尤其是年幼的、正在学步的那些孩子区分好坏与对错。但是再重申一次，简单、清晰、直接的信息会比冗长而解释成分过多的信息有效得多。简单地陈述一下你所观察到的东西吧，即使是年幼的孩子也能明白你所要表达的重点，并给出言语或者行为上的反应。

我们的意思不是说对你所见之物的描述是某种带有魔力的言语，它能制止不好的行为。我们只是说家长应该如我们在第5章里所说的那样，"思考要怎么做"，并且有意识地去琢磨要**如何**去说那些需要说的话。

"约翰尼觉得该轮到他玩秋千了"传达的意思与"你应该学会分享"并无根本上的不同。但前一种表述与后者相比有一些明显优势。第一，它能避免将孩子逼入戒备状态。他也许还是会觉得有必要防备一下，但这个程度与我们在斥责他，向他宣告她做错了什么时绝不一样。

第二，我们对所见之事的描述给孩子带来了一项任务，那就是决定要如何对我们的观察做出反应，并借此让上脑得到锻炼。我们就是这样帮孩子开发了一个内心的指南，让他能因这种能力受用终身。我们在说"杰克觉得自己被冷落了，你得让他参与"时，就彻底地把我们的意思表达清楚了。但是这样一来，我们就把所有事情都给孩子做完了，没给他们机会去培养解决问题的能力和共情心。如果我们只是说，"看，你和利奥正在玩，可杰克却坐在那边"，就可以给孩子机会去独立思考这个情况，去判断什么事情是应该发生的。

与其去命令，去要求……

把你的鞋子收起来！

不如叙述你所看到的

我看到鞋子还在门口呢。

第 6 章 行为管束：R-E-D-I-R-E-C-T，就是这么简单 189

与其去批评，去攻击……

> 我简直不能相信你的测验成绩是D！你还跟我说你好好学了！

不如叙述你所看到的

> 我知道你觉得自己已经为测验做好了准备，所以我很奇怪你拿了一个D。你是否也觉得很奇怪？

第三，描述我们所见之物可以开始一段对话，即这一事实蕴含着这样一个意思，那就是孩子在做了我们所不乐见的事情时，我们的默认反应是与他就这个问题聊天，让他去解释，并借此增进洞察力。然后如果有必要，我们可以给他一个机会去为自己辩护或者道歉，并针对他的行为可能造成的任何麻烦提出解决方案。

"发生什么了""你能帮我搞明白吗""我弄不明白"这些话对我们教导孩子很有用。我们在指出自己所看到的这些，并要求孩子帮助我们理解这一切时，就是在为合作、对话以及成长打开大门。

你是否看到这**内容**无甚差异的两种反馈是如何轻易地在孩子身上激起截然不同的反应，只因家长表达意思的**方式**有别？家长在叙述他们所观察到的东西，并要求孩子帮助他们理解这一切时，他们就可以暂停一会儿，让孩子的大脑开始工作。这样，孩子就能够在反馈中扮演一个积极的角色。

这一条理性引导策略直接指向下一条。下一条要义在于让管教成为一个合作、互助的过程，而非自上而下的家长意愿灌输。

## 理性引导策略之四：让孩子参与管教过程

说到管教时的沟通，家长的传统办法就是交谈，而孩子所能做的就是倾听。在所有可供考虑的选择当中，单向的、以自言自语为本的办法是最好最可行的，而家长们往往只是根据这样一个未被验证的假设就行动了。

家长 → 孩子

然而近来许多家长都了解到，管教是可以做得更加尊重孩子，更加有效的，如果他们能够进行一段合作、互惠、双向的对话，而非一厢情愿地来一番长篇大论的话。

# 家长 ↔ 孩子

我们不是说家长应该放弃他们在亲子关系中的权威形象。如果你已经读到这里，就会知道我们绝对不提倡这样做。但是我们确实也要明白，**如果能让孩子参与到管教过程中来，他们就会更加觉得自己受到了尊重，更倾向于接受家长所提倡的那些东西，还会因此更愿意合作，甚至帮助我们给那些让我们觉得有必要进行管教的问题提出解决方案。最终，家长和孩子可以团结在一起，共同努力去搞清楚要如何做才能给那些要管教的状况以最圆满的处理。**

还记得我们关于第七感的讨论吗？还记得帮助孩子开发出对自身行为的洞察力和对他人的共情心有多重要吗？如果你已与孩子建立了情感连接，他已准备好去接纳一切，为了培养孩子的洞察力，你就只需要这样发起对话："我知道你懂规矩，所以我很好奇是发生了什么事情你才会这样的"，然后再为了培养他的共情心以及进行整合修复而这样说："你觉得这对她来说意味着什么？你要怎么做才能修复这个情况？"

设想你 8 岁的儿子开始失控，大发脾气，因为他姐姐已经要去参加下一个玩伴聚会了，而他觉得自己好像"还什么事情都没做"。盛怒之下，他把你最爱的太阳镜扔到房间那头，摔破了。

而当你已冷静下来，并与儿子建立了情感连接的时候，你打算怎么与他讨论他的行为呢？传统的办法是给他讲一番长篇大论，说些这样的话,"生气没什么,每个人都会生气,但是就算在气头上,你也得控制自己的行为。我们不应该弄坏别人的东西。下次你生气时,记得找一个合适的方法来排遣那些强烈的感情"。

这种表述风格有什么不对的地方吗?没有,完全没有。实际上,它对孩子及他的情绪满怀同情和有益的尊重。但你是否看到,它本质上还是自上而下的,单向的交流?你在传授重要的信息,你的孩子正在接收它。

不如邀孩子一起,进行一种相互协作的对话,让他去考虑要怎么做才是对当下情况的最好处理。也许你可以从 R-E-D-I-R-E-C-T 的 D 策略开始,简单地**叙述**(describe)你所看到的,然后要求他做出回应:"刚刚你生气了。你一把抓起我的眼镜,把它丢出去了。这是怎么了?"

既然你已做好了情感连接,聆听了他对姐姐的玩伴聚会的意见,并对此做出了回应,那么他现在可以专注于你的问题之上了。他多半会重回恼怒的状态,说些这样的话,"我就是很生气!"

然后你可以简单地叙述下去,并有意识地控制自己的语调(表达的方式真的很重要):"然后,你就把我的太阳镜给扔了。"此时,你可能会听到他这样说,"对不起,妈妈"。

这时你可以进入对话的下一阶段,明确地将重点放在教导上:"我们都会生气。这不是错。但是下次生气时你该怎么做?"你甚至也许可以微笑一下,来点他能领会的小幽默:"据你所知,除了弄坏什么东西之外还有什么办法?"于是这场对话就可以继续下去,你可以继续问些问题,帮助你年幼的儿子思考诸如共情心、互相尊重、道德观以及控制强烈情绪之类的问题。

你应该注意到了,无论你是要灌输一番长篇大论还是要发起一场谈话，这大概的意思还是一样的。但是如果你把孩子纳入管教当中，就是给他一个机会，从更深的层面去反思自己的行为以及因这些行为而产生的影响。

因为你帮助他开辟了更为复杂的神经回路，培养了各种第七感技能，所以孩子终于有能力进行更深入、更长久的学习了。

作为一个绝妙的方法，将孩子纳入管教讨论当中还可以纠正那些不知不觉在你的家庭中占据稳固位置的模式和行为。单向的、自上而下的管教方法也许会让你冲进客厅宣布："这些天你花了太多时间在电玩上！从现在开始，一天不能玩超过15分钟。"可以想象一下你会收到什么样的回应。

若你在等待你的孩子，一直等到了晚饭时间，等到每个人都在餐桌前坐定了他才过来，于是你说："我知道你最近电玩打得很多，但是这样不太好。电玩让你把功课落下了，并且我想你也应

与其灌输长篇大论……

该在其他活动上花点时间。所以我们应该提出一个新方案来。对此你有什么主意吗?"

在你提出要削减孩子面对屏幕的时间的那一刻,他很有可能会直接抗议。但是你要就这个问题与他进行交谈,如果孩子终于明白了你削减时间的意思的话,他们就会投入这段谈话当中,去判断该给自己设定什么样的行为界限。你可以提醒他们做出最终决定的还是你,但是请让他们明白你在征求他们的意见,因为你尊重他们,想要考虑到他们的感受和愿望,并且相信他们有能力帮助解决问题。然后,即使他们并不喜欢你做出的最后决定,也会明白至少自己的意见曾被考虑过。

其他情况下,我们也是按这个套路走:"我知道我们习惯于在晚饭后做功课,但这样安排并不好。所以我们需要给出新的方案。对此你有什么主意吗",或者"我注意到你因为必须在早上上学之前练钢琴而不太开心。那有没有别的时段能让你觉得练习会愉快些？怎样安排对你来说会比较适合呢"。通常他们提出的方案与你针对这个情况想要强制进行的方案也是一样的。但是这样做可以让他们有机会去锻炼上脑，并且始终感受到你的尊重。

让孩子参与管教过程最大的一个好处就是他们经常能为解决问题提出很棒的、你甚至都想不到的新点子。此外，你可能还会震惊地发现，他们原来是那么愿意做出妥协，用和平的方式打破这僵局。

蒂娜曾说过一件事，有天早上九点半时，她4岁的儿子坚定地要求吃点好的，确切来说，是要一袋水果干。于是她告诉他："水果干确实是很美味，但是马上就吃午饭了，不过，午饭过后你可以享用它。"

蒂娜的儿子不喜欢这个安排，他开始哭闹和争辩。蒂娜回应说："等待并不太好受，是吗？你想吃水果干，而我想让你先健健康康地吃好午饭。嗯，对此你有什么好主意吗？"

她可以看到儿子那认知的滚轮转动了几秒，然后他的眼睛欣喜地睁大了。他喊道："我知道！我可以现在先吃一块，吃完午饭再吃其他的！"

孩子感到自己得到了许可，他与妈妈之间不再有力量的对抗，蒂娜也乐于给孩子一个机会去自行解决问题。而要达到这一局面，只不过是要蒂娜允许他先吃一块水果干。这没什么大不了的。

当然，有些事情是不能给出一丁点让步空间的，有些时候，你得让孩子直面拒绝，给他机会去学习等待或者学习调节失望的情绪。但通常来说，只要我们将孩子纳入管教过程中来，结果都会是双赢。

与其去命令、去要求……

"最近你在电玩上花了太多时间！从现在开始，一天只能玩15分钟。不能再多了！"

不如让孩子参与到管教中来

"最近你盯着屏幕的时间有点太多了，这对我们大家来说可不太好。我们来想个法子改变这种状况吧。"

即使孩子年纪非常小，我们也得尽可能让他们参与进来，得要求他们反省自己的行为，思考以后要如何做才能避免出现今天的问题:"还记得你昨天发脾气了吗?一般来说你都不会打人踢人的。这是怎么了?"在这些问题的相助之下,你就可以给孩子提供机会去练习反省自己的行为,并开发出对自身的洞察力。你也许不会从年幼的孩子那里得到最好的答案,这个很正常,但是你在为了这个目标打基础。而其中的重点在于,要让孩子去反省自己的行为。

然后你可以问他,下回生气时他会不会有什么不同的表现。你可以通过讨论来了解他想让你做点什么,以此帮助他冷静下来。这种讨论可以加深他对情绪调节、尊重情感关系、预先计划以及合理表达自我等能力的重要性的理解。它还能帮助你向他表达,他的参与和想法对你来说有多重要。他会越来越明白自己是一个独立于你之外的个体,但你对他的想法和感受是关心的。你每一次把孩子纳入管教过程中,都会增强亲子间的联系,并且会为孩子能够在未来生活中更好地管束自己增加可能性。

## 理性引导策略之五:
## 用有条件的肯定表达反对的意思

再重申一次,如果你必须拒绝一项请求,那么请重视说"不"字的**方式**。彻底的"不"比附带条件的难接受多了。直接来个"不",再配上严厉且轻蔑的口吻,会自然而然地将孩子(或者任何一个人)的逆反状态激活。大脑中的叛逆性会刺激人们打斗、逃跑、顿住或晕厥(极端情况之下)。反过来,鼓励性的、肯定性的叙述可以调动他们的社交回路,可以让他们的大脑变得愿意接纳所发生的事情,可以让他们变得更愿意学习,还可以鼓励他们与他人建立情感连接,即使我们并没有对他们的行为表示赞许。

与其直接说不……

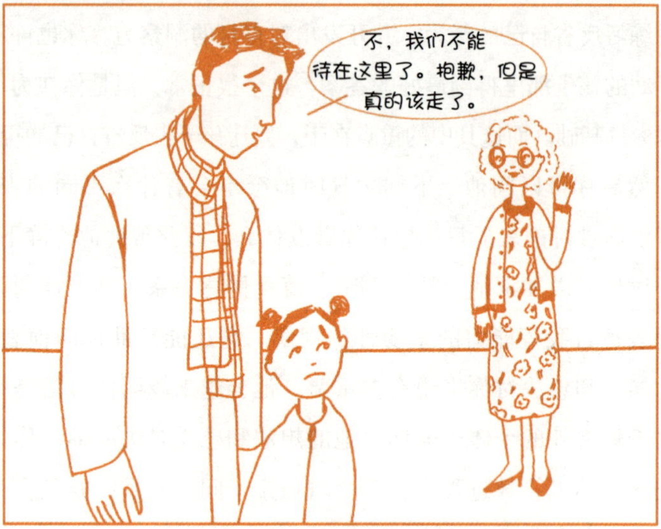


不如将这个“不”组织为一个附带条件的好

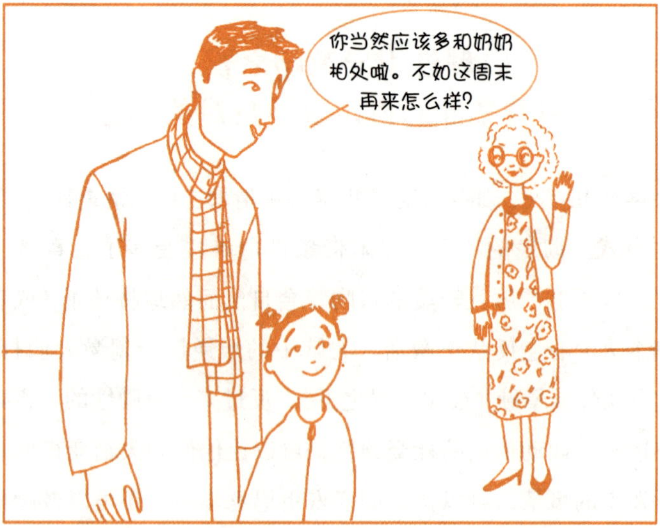

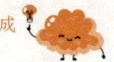

孩子们的年龄不同，这个策略在具体实施时会表现得有所差别。对在该走的时候却向奶奶要求再多待一会儿的学步儿童，你可以说："你当然应该多和奶奶相处啦。我们现在必须得走，但是奶奶，这周末我们可以再来你这儿吗？"此时孩子可能还是难以接受这个拒绝，但是你也正在帮她明白：虽然现在她不能让自己如愿，但不用多久她就会再得到允许。而这其中的关键在于你得辨明她的感受（与奶奶待在一起的愿望），并对其产生共情心理，但同时也得给她订立规矩（认识到现在必须离开），并增强其相关能力（延迟欲望的满足）。

又或者，你的儿子因为玩具店里的火车头托马斯主题手工展而流连忘返，他不愿意放下火车头珀西，不愿意走出这家商店，那么你就可以给他一个有条件的肯定。试试这么说："我懂，不过我们还是要把珀西还到那边的售货小姐手上，并跟她说你想让她帮你照顾珀西，保护他的安全，直到我们星期二再过来听故事，好吗？"售货小姐应该也会合作，于是这个局面就不用以尴尬告终啦。此外，这种策略还能帮你教会孩子进行具有前瞻性的思考，去发现未来的各种可能性，去想象以后该怎么做才可以达到现在定下的要求。这些都与执行能力有关，如果能够掌握，就会成为让人终身受益的能力。而你此刻就正在为孩子提供指导，以使他们那极为重要的、与情绪和社交智力相关的前额叶皮质神经回路得到开发。

注意了，这不是在保护孩子免于失望，也不是给他们提供想要的一切。正相反，这是在让他们练习忍耐失望的心情，如果事实不可避免地要与他们的愿望相左。此时他们的愿望是得不到满足了，而你正在做的是帮助他们管理失望的情绪。你是在帮助培养他们的韧性,在他们以后的人生中,每一次被拒绝时,这种韧性都能发挥其作用。你是在帮助他们延展包容的限度,帮他们清扫前路,并且给他们机会去练习延迟满足。请时时记住在管教过程中要注重大脑的开发,这样孩子的前额叶皮质功能也会有所增进。我们不要再简单粗暴地去进行管教,那只会带给孩子被拒绝的感觉。从现在开始,孩子将会从与你相处的真实体验中感受到你所设定的那些行为界限带来的是能力的掌握以及对未来的畅想,而非禁闭和漠视。

对年长一点的孩子(甚至成人)来说,这一策略也是同样有效的。我们在要求什么、指望其他的什么东西时,都不会喜欢被简单粗暴的告知不行,这个"不"字甚至会让我们走起极端来。所以别再直接地拒绝,我们可以试试这样说:"今明两天会有好多事情要忙,所以好吧,我们可以把你的朋友邀请过来,但是等星期五再说好吗?那时候你才有更多的时间和他一起玩。"这就好接受多了,并且,这还能让孩子练习管理失望情绪以及延迟满足的能力。

若你9岁的女儿和她的一帮朋友要去看某个流行歌手的演唱会,而照你的观点来看,你**不想**让女儿去模仿这个歌手所展示的一切特点。并且不管你怎么说,她都会因为不能去看这个演唱会而不开心。但你至少可以早一步行动,以缓和她这种情绪。

比如,你可以问她接下来想参加什么演唱会,并挑在同样的时间段应承说可以带她和一个朋友去看电影。如果你还想做得周到一点,甚至可以上网找找最近有没有另一场演唱会是她感兴趣的。请特别注意你的语调。尤其如果你想否决孩子真的想要的什么东西,就得避免在你的观点里裹挟屈尊或者过分自以为是的意思，这一点很重要。再重申一次，我们不是说有了这个策略傍身，什么事情都会变得轻松起来，孩子将不再生气、受伤或产生误会。但是来一句类似这样的附带条件的话，而非简单的"不，你不能去"，你至少能缓和孩子的逆反之情，并向她表示你对她的愿望是关心的。

当然，有些时候我们必须直接说出那个令人畏惧的"不"字。但更通常的情况是：至少也能找到那么一个用好来表达"不"的意思的办法，以使我们无须直接去拒绝孩子。毕竟，孩子想要的东西经常也是我们想要让他们拥有的，只不过不是现在。他们也许是想再读一些故事，想和朋友一起玩，想吃个冰激凌，或者是想玩玩电脑。而有些时候我们也想让他们进行这些活动，所以通常来说我们很容易就能再找出一个备选时间。

实际上，在亲子互动中，有些东西是需要妥协的。随着孩子日渐长大，妥协会变得越发重要。如果你10岁的孩子想要晚一点睡觉，然后你说不行，但是他马上指出明天是星期六，他希望自己可以比平常晚一个小时睡觉，那么这时，你或许至少应该重新思考一下自己是否应该继续坚持说"不"。显然，有些东西还是没法让步："抱歉，你不能把娃娃放进烘干机里，即使你觉得它和枕头差不多。"但是妥协并不代表软弱；它显示的是你对孩子以及他的愿望的尊重。此外，它给了孩子一个机会去进行具有相当深度的思考，这能帮助他获得一些重要的能力，使他不只考虑到自己的需求，还会顾及别人想要什么，然后根据这些信息做出良好的判断。并且，从长远角度上看，这样做比不考虑其他选择，仅仅说句不还是有效多了。

## 理性引导策略之六：着重于积极的东西

与其死抠那些问题……

> 别发牢骚了！

不如着重于积极的那一面

> 请用你那有力的、男子汉的语调再问我一遍。这样我才能听见。

家长经常会忘记管教并不一定是要否定什么。是的，通常来说我们之所以要进行管教是因为有些不好的事情发生了；此时孩子需要学习什么道理或者需要掌握什么能力。但是处理不当行为的最佳办法之一是着重于孩子行为的积极一面。

想想管教行为中最大的困扰是什么？孩子的牢骚。孩子那无力的、抱怨的、单调的、让我们不禁要咬紧牙关、堵住耳朵的声音你还没有听够吗？这时家长通常会是这种回应，"别再发牢骚了！"又或者他们也会来点创意，"把牢骚关掉吧"，或者说"那个东西是什么？我不会说牢骚语，你得换一种语言告诉我"。

我们并不是说这些是最糟糕的办法。虽说如果我们选择进行消极反馈确实会把状况搞得很麻烦，因为这样做会将全部重点都放在我们不想再见到的那些行为上。

那么如果我们去强调积极的那一面会怎样？与其说"别抱怨

通过引诱孩子做出良好的行为来强调积极那一面

> 我喜欢看到你也像这样去鼓励别人。

了",我们不如这样说:"我喜欢你用正常语调说话的样子。你能再用那个语调跟我说话吗?"或者可以更直接地教导他关于有效沟通的知识:"请用你那有力的、男子汉的语调再问我一遍。"

在其他管教情境中也该秉持一样的理念。与其着重于你**不想要**的东西("别再浪费时间了,快做好准备,你要迟到了"),不如着重于那些你想要的东西("你得把牙刷了,然后去找出你的背包")。与其强调消极的行为("不尝尝这个青豆,你就别去骑单车玩"),不如把焦点放在积极的那一面("吃几口青豆,我们就去骑单车玩")。

要想在管教中强调积极的那一面还有很多方式。你也许已经听过那句经典的建议:要"引诱"孩子,以让他好好表现,做出明智的决定。如果你发现自己那个年长一点的女儿总是对妹妹很苛刻,那么请称赞她,并且指出:"我喜欢看到你也像这样去鼓励别人。"或者如果你6年级的儿子曾经有段时间难以及时完成家庭

作业，而你注意到他现在正非常努力地准备下个星期要交的报告，请肯定他："你真的很努力啊，不是吗？谢谢你能提前进行构思。"或者如果你的孩子正在一块大笑而非吵闹，请强调："你们两个玩得真的很开心。我知道你们也会吵架，但是现在能看到你们两个相处得这么愉快真是太棒了。"

你在强调积极一面时，就是在把自己的注意力和着重点放到那些你想要再见到的好行为上。无须将亲子互动变成赏赐和夸奖的盛宴，温柔地鼓励他们在未来生活里要继续做这些事情就好。你只需关心你的孩子，并把你所观察到的东西叙述给他们听，这本身就成为积极体验了。

我们不是说你甚至已无须去管束那些消极行为了。你当然要管。但是请尽量将重心放在积极的东西上，让孩子理解并**感受到**，在他们能够做出明智的决策，进行良好的自控时，你注意到了他们，并且向他们表示了欣赏。

## 理性引导策略之七：创造性地处理问题

教育工具箱中备着的一样最好法宝就是创造性。如我们屡次在本书中说过的那样，世上是没有对任何状况都管用的万金油式管教技巧的。我们必须愿意，并且能够从自己一贯的立场出发，针对产生的种种问题，想出各异的应对方式。如我们在第5章讲述的那样，家长需要点反馈灵活性，它能让我们暂时停下来，针对某个情况思考一下各种可能的反馈，并根据自身的管教风格以及每个孩子的秉性和需要来应用这些方法。

一方面，我们在发挥反馈灵活性时，就是在使用自己的前额叶皮质，这个部分是上脑以及执行能力的中枢所在。让这部分的大脑参与管教可以有力地帮助我们进行共情以及和谐的沟通，甚至能够增进我们平复逆反情绪的能力。另一方面，如果我们**不够灵活**，死守在执拗的那一边河岸，那此时我们作为父母就是有点反应过激，难以好好自控了。你有没有过这样的时候？我们都有。此时下脑占了上风，掌控了局面，让那过激的大脑回路一统江山。所以，我们还得努力发挥反馈灵活性和创造性，尤其是在孩子正在失去控制或正在做出糟糕决定时，因为那实在是太重要了。然后，我们才能针对这些麻烦的状况制定出有创造性、有革新精神的应对方法。

比如说幽默，它就是对付不开心孩子必备的强大武器。尤其如果你需要面对的是年幼的孩子，就可以试试彻底改变你们之间进行互动的方式，其实就是用傻傻的语调说话，诙谐地摔个跟头或者用点其他插科打诨的小手段。假设你只有6岁，正在跟爸爸闹脾气，那么如果看到他正好被客厅里的玩具绊倒，然后来个你所见识过的最壮观的大马趴时，你大概就很难再保持对他的怒气了。同样，如果你追着妈妈跑到车子那边，并且她一会儿咯咯笑，一会儿又会假装害怕而尖叫，那么离开公园也会变得有意思得多。让事情变得有趣起来是戳破孩子的情绪泡沫的绝佳办法，做好这一步，你就能帮助他们恢复自控。

在与年纪大一点的孩子进行互动时，这个道理也同样适用；你只是需要表现得更加细腻，更加愿意去受那么几个白眼。如果你 11 岁的儿子只是窝在沙发上，却不愿意加入你和弟弟妹妹的桌游大战，你就可以试着调整自己的情绪，然后开玩笑地坐到他身上去。再重申一次，一定要表现得很周到，要对他的个性和心情，然后再来一句玩笑式的道歉"噢，抱歉，我没看见你在这儿呢"，这至少会换来一声假装不悦而拉得长长的"爸爸……"，然后整个态势就会发生变化啦。

这种诙谐幽默对孩子（以及大人）管用的一个原因是，大脑喜欢新奇的东西。如果你可以给大脑介绍点没见过也没预料到的东西，它就会关注起那个东西来。这一点从进化的角度来看也是完全合理的：那些我们不经常看到的东西会本能而自然地激起我们的好奇心。毕竟，大脑的首要任务是评估各种情况的安全性。那些独特、新奇、突发或者迥异的东西一旦出现，注意力就立马集中上去了，这样它才能去评估某一环境中的某一全新要素是不是安全的。大脑的评估中心会这样问，"这重要吗？我需要关注这个东西吗？它是好的还是坏的？我应该靠近它还是远离它？"这种对新奇事物的关注就是幽默和耍宝会对管教情境如此有用的关键原因。并且，充满尊重的幽默能传达出一种信息，即我们对你没有威胁，它会激活我们的社交参与脑回路，而这个回路反过来又促使我们开放自己去与他人进行情感连接。对管教情境进行有创造性的反馈可以促使孩子的大脑发出以上这些疑问，促使它变得更有包容性，并将注意力完全集中到我们身上。

与其去命令，去要求……

> 马上给我坐到你的位置上去！

不如来点创造性，开开玩笑

> 拜托请千万别坐到那个位置上去，因为我假想中的朋友吉米·吉美利奴已经端坐在那里啦。

创造性在其他各种情况下也能派上用场。假设你那还在学前的女儿说出了一个你不喜欢的词。比如她正把什么东西形容为"蠢",你试着当没听到,但是这个词总是会蹦到你耳朵里。然后你试着将这个词改述为更易接受的表达,如:"你是对的,那副护目镜真的很滑稽不是吗?"但是她还是喋喋不休地说着这副眼镜看上去是多么的蠢。

如果无视和改述的办法没有用,那么与其禁止使用这个词(我想你知道这个办法效果如何),不如来点创造性。有一位很有才的幼儿园校长为了约束这个词的使用,提出了这样一个令人叫绝的办法,即任何时候,只要听到孩子说什么东西很蠢,他就会以一种十分肯定的语气解释说,这个词只能用在某个特殊的语境当中:"'蠢'是多么棒的一个词啊,不是吗?但是亲爱的,我想你对这个词的使用方式是不对的。你看,这是一个非常特别的词,我们只有在与小鸡崽交谈时才能使用它。因为它是个农场用词。而针对现在这种情况,我们还是想个别的词吧。"

有 100 种方法可用来应对类似的情况。你也许会建议设计一个意思为"蠢"的暗号,这样你们俩就可以共享一种别人不懂的密语啦。这个新词可以是"格鲁比"⊖或者其他什么有趣的语词,甚至可以是你们一起编的手语。这其中的重点在于你得找个办法,满怀创意地引导孩子进行对涉及的所有人都更有好处,甚至能让你感受到情感连接的乐趣所在的行为。

然而,我们要认识到一件事:有时候你并**不想**让自己满怀创造性。因为这很耗精力。又或者你正因孩子的行为而感到不太高

---

⊖ 原文为"glooby"。——译者注

兴，所以对攒足劲儿帮助孩子转换情绪并从全新的视角去观察事物这种想法一点都不感冒。换句话说，有时候你就是不愿意表现得幽默诙谐。你期望他们能乖乖地坐上车，而无须你来唱个歌跳个舞。你期望他们能径直穿上那双臭鞋。你期望他们能自觉地把作业做好，把电玩丢开、停止吵闹或者其他什么行为，只要自觉就好！

我们明白这心情。老弟啊，我们真的明白这心情！

不管怎么说，我们来比较一下这两种选择吧。第一种选择是拿出创意来，如果我们并不赞赏孩子的行事方式的话，那么要调起这么大的干劲和善意就不是太容易了。不爽。

另一种选择是继续把头埋在管教情境中的那些纷争里面。不爽不爽！这样做的结果多半就是在纷争里浪费更多的时间和精力不是吗？**事实上，很多时候只要花上几秒钟，想出个幽默诙谐的点子来，我们就可以彻底避免这些纷争了。**

所以下次你看到孩子有了什么麻烦，或者发生什么往往会以纷争告终的事情时，请好好思考一下这两种选择。问问你自己："我真的想看到那如山雨欲来的冲突场面吗？"如果答案是不，请试着来点幽默。试着犯一把傻。即使你并不喜欢这样，也请攒足劲儿，表现得有创意一点。请避开那些冲突吧，它们会吞噬你的生活，带走你们亲子关系中的那些乐趣。我们承诺，这样做可以带给大家更多欢笑。

## 理性引导策略之八：传授第七感技巧

我们要讨论的这最后一个理性引导策略应该是最具革命性的一个。你应该还记得，第七感可以让我们同时了解自己以及他人的想法，并且整合好自己的生活。那种能发觉并观察到自身想法的个人洞察力一旦得到开发，孩子自然就会知道要如何使用这种洞察力来处理各种麻烦的状况。

这最后一条理性引导策略的主要论点，即使是小孩也能理解，虽说大一点的孩子明显能从更深的层次去领会个中的道理：**你没必要把自己困在消极的体验当中。你没必要成为外在事件或者内在情绪的受害者。你可以使用自己的大脑去管理自己感受事物、实施行为的方式。**

我们知道自己这是许下了一个非同寻常的承诺。但是我们始终对这条建议满怀热忱，因为这些年来我们看到了它是如何服务于这么多人的。家长真的应该把那些第七感技巧教给孩子和他们自己，这些技巧能够帮助他们安然度过情绪的风暴，帮助他们更具效率地去处理麻烦的状况，从而引导他们做出更好的决策，让他们即使在不开心时也不会那么烦乱和情绪化。**我们可以帮助孩子渐渐地表达出自己的感受，说明自己是如何看待这个世界的。**无须什么只有具备天赋的人才能使用的奇术妙方，我们只需用上关于大脑的浮现性知识[⊖]，并将其简单、合理且务实地付诸应用就好。

---

⊖ 浮现性知识（Emerging Knowledge），是 Hidding & Catterall (1998) 对知识区的三种划分之一，其他两种被称为正式化知识（Formalized Knowledge）以及经验性知识（Experiential Knowledge）。较之这两种顾名思义的知识种类，浮现性知识指的是介于正式化及经验性知识之间的，团体共有但未以正式手段整理记录下来的知识，比如集体文化，价值观等。参见 Hidding, G. J., & Catterall, S. M. (1998). Anatomy of a learning organization: Turning knowledge into capital at Andersen Consulting. *Knowledge and Process Management,* 5 (1), 3-13. ——译者注

你也许听说过二十世纪六七十年代那个很著名的斯坦福棉花糖实验。年幼的孩子被一个个地带入某个房间，由一名研究者邀请他们在桌边坐下。桌上有一颗棉花糖，研究者说自己将会离开房间几分钟。如果孩子在他离开的这段时间里能够抵御吃掉棉花糖的诱惑，那当他回来时，就会奖励孩子两颗棉花糖。

实验结果自然是又好笑又可爱。上网搜索一下，你就能找到很多复制这个研究的视频，在视频里，孩子会有各种表现，比如闭上眼睛，捂住嘴巴，背对棉花糖，抚摸它就好像那是一只填充玩偶，偷偷地朝棉花糖的边角地方咬一小口，等等。有些孩子甚至在研究人员还没把话说完的时候就已经一把抓起这甜甜的美味送入口中了。

关于这个研究以及后续的实验，已有很多文章面世，它们关注的点在于孩子延迟满足的能力、展现出的自控力以及进行策略性推理的能力等。研究人员发现，如果孩子们表现出了能够等候更长的时间再吃棉花糖的能力，那么他们在成长过程中也更有可能会不断进步，取得许多人生成就，比如在学业上做得更好，在 SAT 考试上拿到更高的分数，或者把身材练得更棒。

## 全脑儿童：教导孩子关于下脑和上脑的知识
你的下脑和上脑

将你的手握拳。这就是我们所说的大脑的手模。还记得你的大脑是分左右两边的吗？不仅如此，你的大脑还分上层和下层两个部分。

托上脑的福，你能够做出良好的决策，做出正确的事情。即使你正处于非常不愉快的情绪当中。

现在请稍稍抬起你的手指。看到你的大拇指在哪了吗？这个部分就是你的下脑，你那些非常强烈的情绪都来自这里。这个部分能让你去关心他人并感受到爱。它也会让你觉得不开心，在你生气或者懊恼时，就会有这种感觉。

感到不开心没什么不对。这很正常，在上脑帮助你冷静下来时尤其正常。请再次紧握你的手指。请看看上层的、负责思考的那部分大脑是如何接触到你的大拇指，帮助下脑冷静地表达你的感受的？

有些时候，如果我们真的很不开心的话，就会发火。请像这样抬起你的手指。看，你的上脑是不是已经接触不到你的下脑了？这意味着它此时无法帮助下脑保持冷静。

我们在这里要着重介绍一个近来科学研究中的应用性发现，它的主题是孩子要如何运用第七感技巧来取得延迟满足方面的成功。研究人员发现如果他们提供给孩子的心理工具能够给他们带去新的视角或策略，以帮助抑制吃掉棉花糖的冲动（从而帮助他们管理此刻的情绪和欲望）的话，那么孩子就更能展示出自控力。实际上，只要研究人员教会了孩子去假想他们眼前这个不是真实的棉花糖，而只是一幅画着棉花糖的画，他们就可以比那些没有学到这一招的孩子等候得久很多！换句话说，只是用了一个简单的第七感技巧，孩子就能够更加有力地去管理自己的情绪、冲动和行为了。

你也可以对自己的孩子这样做。接下来我们将会用"全脑儿童"的卡通图来介绍大脑的手模，以使家长可以将这部分读给他们的孩子听。

丹尼尔最近收到了一封来自一位校长的电子邮件，其内容与一名之前曾陷入困境的幼儿园学生有关。这个孩子的老师在她的班上讲授了关于大脑手模的知识，然后她立竿见影地看到了教学效果。

昨天有位老师来找我，她因幼儿园里某位学生的行为而感到非常担心。他刚刚来到我们学校，会在桌子底下爬行，并且声称他讨厌一切。（他和某位亲戚一起住，因为他妈妈正受着监禁，而现在他又必须离开之前那位真的很喜欢的老师。）

今天我们这位老师又教了一遍"手中的大脑"。这对他来说是新知识。在她教授的大部分时间里，他都窝在桌子底下。但很快，他就向她打手势，用手摆出发脾气的动作，并且走去休息区待了挺久。（他几乎都要睡着了。）

第 6 章 行为管束：R-E-D-I-R-E-C-T，就是这么简单

例如：

杰弗里的妹妹推倒了他的乐高塔。他发火了，想要冲她大吼。

但是杰弗里的父母曾教导过他关于愤怒以及上脑是如何与下脑抱在一起并帮助人冷静下来的知识。他仍然生着气，但是他现在能够告诉妹妹自己很生气，并且要求爸妈将她带出他的房间，而非对着妹妹大吼。

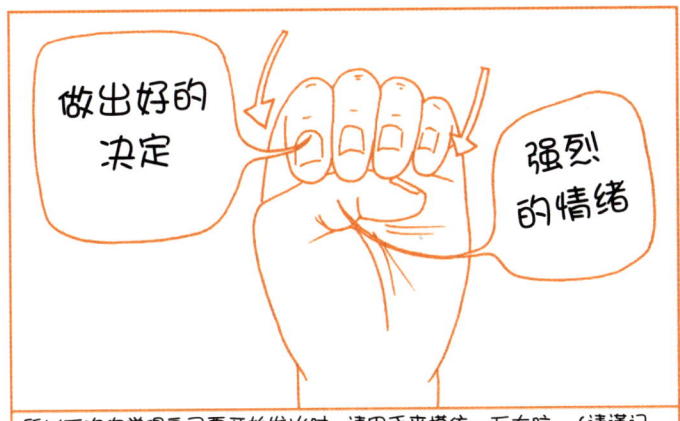

做出好的决定

强烈的情绪

所以下次你觉得自己要开始发火时，请用手来模仿一下大脑。（请谨记这是一个大脑的模型，不是一只愤怒的拳头！）保持你的手指直立，然后缓慢地将它们弯下来，使它们能够接到你的大拇指。这会提醒你要使用上脑来帮助给下脑中的那些强烈情绪降降温。

他终于起来时，老师还在讲授着，他却走近她，指着自己那用其他手指把大拇指盖住的手 / 大脑，加入了这个群体。

老师为他的参与夸了他一阵之后，他开口啦，"这个我知道，我也告诉过你呢。"然后继续指着自己那大拇指被盖住的手 / 大脑。

这是个重大的时刻啊，老师和我都该祝贺他，他从前一定很需要这套语言吧！

今天晚些时候，是自由时间，我走到这个孩子那里，和他一起玩起了"餐厅"游戏。他一度从花瓶里拿了一枝花出来递给我。我的心都融化了。昨天，他的老师还在将他与一个情况很麻烦的孩子做比较，今天他就在寻求每一个机会与我们进行情感连接了。真是太感激我们正讲到手模这一块了！

这位老师做了些什么呢？她向学生传授了一项第七感技巧。她帮助他学会了一个策略，去理解并表达外在世界和自己内心所发生的事情，然后他才可以有针对性地去选择应对的方式。

其实还可以说：我们想要帮助孩子开发出**处理生活中的各种事件的双重模式**。第一种模式是教导孩子去意识并直观地感受自己的主观体验。换句话说，在他们正面临着什么麻烦时，我们并不想看到他们去否认那个体验，或者压制对它的各种情绪。我们想要他们能够去讨论发生的事情，并描述出自己内心的体验，表达他们那时的所见所感。这是第一个处理模式：大方承认自己的体验，与它同在。换言之，这位老师并不想看见小男孩否认自己的感受。他的感受即他的体验，而这种"体验模式"要求的是在内心产生主观体验时，大方地去感知它。

但是，我们也会想要孩子有能力**观察**自己身上所发生的事情，**观察**这些体验是如何影响自己的。大脑研究显示，我们确实是拥有两种不同的脑回路：一种是体验性回路，另外一种是观察性回路。它们有所不同，但都很重要，要想将它们整合起来就意味着得同时构建起这两种回路，然后把它们连接起来。我们想要孩子不仅能感受到自己的感受，意识到自己的意识，还能**注意到**自己身体的反应，**看见**自己的情绪（"我注意到自己此时是有点儿难过"，或者"现在我的懊恼之情岂止一颗葡萄那么大？它简直就像一个西瓜"）。我们想让他们学会审视自我，然后根据对自己内心状态的认知来解决问题。

这个男孩就是这样做的。他既能沉浸于自己的体验中，又能抽离出来观察它。这使他能够**掌握**所发生的事情。即使是正在体验这些，他也能够找到一个角度，去观察这些体验。他能够直面这些体验的展开过程，而不仅仅是沉浸于此。然后他还有能力去叙述发生的事情，用语言去向他人和自己表达对这些东西的理解。借助手模这一方法，他好好审视了自己，并且认识到自己是在"发火"，然后他采取了措施去应对，并由此改变了自己内心的状态。再然后，当恢复了对情绪的控制时，他又参与到群体当中去了。

在我们的工作中，曾见过很多被困在遭遇里而不得自拔的孩子和家长。当然，他们需要去面对发生在自己身上的这些事情。但是这只是其中一种处理模式。他们还需要去观察，并思考这些东西。就像记者一样，他们需要使用第七感技巧去发觉、去观察正在发生的事情。其实还可以这么解释：我们想要他们做一个演员，去体验当下的场景；同时，还要做一个能够做出更客观的观察的导演，出离于场景之外，去洞悉镜头里所发生的一切。

我们在教导孩子既要成为演员又要成为导演时，就是在要求他们接纳那些经历，并且还要审视、观察自己身上所发生的事情——我们这是在给他们传授重要的技能，以帮助他们针对所面临的各种情况，学习如何去应对。这些技能让他们敢说："我讨厌测验！我现在心跳很剧烈，整个人都要崩溃了！"但是又可以观察说："这没什么。我是真的想好好发挥，但是不需要大发脾气。只要今天晚上不去看那个电视节目，多花点时间在学习上就好啦。"

再重申一次，这是在教导孩子别困于体验当中。他们还可以成为观察者，改变自己行为主体的身份。举个例子，上文所说的那个孩子还是在过分担心明天的测验。他掉入了焦虑的激流当中，被恐慌的漩涡给吞噬了。这种恐慌由测验而来，也由他的学期成绩而来，因为这个成绩可能决定着他毕业时能否拿到一个高GPA，以进入好的大学。

对家长来说，此时就是一个好机会。他们可以教导孩子通过动动身体，或只是换个姿势来改变自己的情绪和想法。我们将这一第七感技巧称为"动一动，别废了"。家长可以要求孩子"像面条"那样坐着，完全地放松自己，"变得软塌塌的"，就这样待上几分钟。然后他们可以一起观察孩子的感受、想法和身体，他会开始产生一些不同的感觉。（这一策略对我们紧绷的神经所起到的效果真是让人啧啧称奇。）然后，他们就能回到场景中，并试着从一个"不受困"的立场出发去讨论这场测验。在这个立场中，孩子会发现自己还是可以做出其他表现的。

有无数种方法可供你去教导孩子领略大脑的力量。解释鲨鱼音乐的概念。与他们就过去的体验可能会对他们的决策能力起重大影响这一话题进行交谈。跟他们讲讲幸福之河。给他们看第3章那幅图，引导他们来讨论最近一次让自己变得十分烦乱或执拗的体验。又或者在他们对某样事物感到恐惧时，告诉他们："如果可以，请给我看看你勇敢的样子，我们一起来体会一下勇敢的感觉。"最近的科学研究显示，身体姿势的不同也会带来情绪的转换，以及我们看待世界方式的变化。

教导第七感技巧的机会俯拾即是。如果你9岁的女儿因为她在篮球赛上错失了一个重要的投篮机会而闷在车里生气时,请将她的注意力转移到挡风玻璃的斑点上去。你可以试着这样说:"玻璃上的每个斑点都代表着这个月已经发生的或者将要发生的事情。这个点代表的是你的篮球赛。它是真实存在的,我也明白你正为这场比赛而感到难过。很高兴你能够意识到自己的这种情绪。但是再看看挡风玻璃上的其他斑点吧。这个点代表着周末的派对。难道它不使你感到兴奋吗?它附近的这个点代表着昨天的数学成绩。还记得你为它有多自豪吗?"然后继续你们的对话,并把那些尚未指认到的斑点与她的其他经历挂上钩。

这种练习的关键在于,它不是去告诉女儿别为篮球赛而感到烦恼。我们绝对不这样做。我们是要**鼓励**孩子去感知自己的感受,并且与我们分享它。这种感知模式是一种重要的处理模式,它让我们能够直接去体验事物。但是,在这一进程中,我们还想让孩子从另外一个角度去观察这一切,帮助他们明白自己还可以将注意力放在生活的其他方面上。这是因为我们的大脑中不仅有**感知**回路,还有发育良好的**观察**回路。这两者都重要,它们要是组合在一起就会发挥很大的团队作用。而我们就是这样,通过辨别孩子的感知和接受能力并将它们联合在一起,来帮助他们达到整合状态。这两条回路一旦建立,孩子就可以使用自己的大脑来思考事情了,这时,他们的状态与被什么事情惹恼了的时候完全不同,他们看待世界的方式会发生变化,感觉也会更加良好。我们在教导孩子第七感的技巧时,就是在赠给他们管理自身情绪的能力,他们不再会被情绪所奴役,所以不再会成为环境和情绪的受害者。

如果下次你家发生了什么有必要进行管教的事情,请向你的孩子介绍几个第七感技巧。或者参考一下我们在本书中提到的其他几个理性引导策略。你也许得多试几次。因为没有一种策略是能够应用于每一种状况的。但如果你能从去情绪化的、全脑的角度出发，首先进行情感连接，然后再进行理性引导，你就可以更为高效地达到管教的主要目的：获得孩子的合作以及构建起孩子的大脑，让他们成为温和而可靠的人，并且拥有成功的人际关系和充满意义的人生。

## 结 语

魔术棒，生而为人，再来一次情感连接，改变：四种希望

我们已经在本书中翻来覆去地强调：去情绪化管教让我们的管教互动变得更为冷静而有爱。我们也说过去情绪化的、全脑的方法不仅对孩子，对孩子的未来以及你们之间的关系更加有益，它实际上还能让管教变得更高效，并让你的生活更加轻松起来。因为它会帮助你从孩子那里取得合作。

但即使有着最大的抱负、最有针对性的方法，人也总有些时候会去回避管教互动，因他们仍然觉得生气、疑惑或懊恼。在最后，我们想要针对那些不时就得面对的管教困境，介绍四条能够带来希望及慰藉的信息。

## 带来希望的信息之一：世上没有魔术棒

有一天，蒂娜7岁的儿子对她大发脾气，因为她跟他说今天不能把朋友邀过来玩。他气冲冲地回到自己的房间，开始捶门。不到一分钟，她听到门开的声音，随即咚咚声又响起来了。

以下是蒂娜对这个故事的叙述。

我过去看他，于是我看到在门外边，贴着这么一张画。

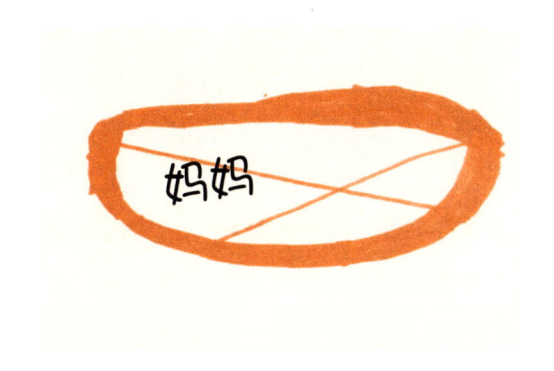

（你可以从下面这幅画里发现，他已经习惯于将艺术天分都用于向家长表达自己的感受啦。）

我走进他的房间，看到了预料之中的景象：床罩鼓起孩子身躯那么大一坨。我坐在这一坨旁边，将手放在了我觉得是肩膀的位置上，于是这一坨迅速地从我身旁移到墙那边去了。儿子的哭闹声从床罩下传来，"离我远点！"

面对这种情况，我有时会表现得很幼稚，甚至堕落到我家孩子那个水平上。大家都知道我甚至会这样说："好啊！如果不让我把那段受伤的脚指甲剪了，那你就等着疼一个星期吧！"

但今天，我很好地保持了自控，并试着从全脑的角度去处理这个状况。我首先是试着通过承认他的感受来进行情感连接："我明白今天不让瑞安过来这个决定会让你感到很生气。"

而他是什么反应呢？他会说："对，我恨你！"

我仍然保持着平静，继续说道："亲爱的，我知道这让人不愉快，但今天真的没时间让瑞安来玩。我们马上就要去你爷爷奶奶那里吃饭。"

他的反应则是蜷缩得更紧，并尽量远离我，说："我说让你离我远点！"

我把在之前章节所讲到的那一系列策略都用了一遍。我用非言语的情感连接去抚慰他。我试图去与他正在变化的、易变的、复合的大脑进行沟通。我试着去探求为什么，并仔细斟酌了自己的沟通方式。我认同了他的感受。我试着去发起一段互动式的对话，并把拒绝的意思换了种方法表达，即我许诺说明天再让他的玩伴过来。但彼时，他就是没办法冷静下来，没办法接受我的帮助。什么样的情感连接都不管用。

这种情况点明了一个需要家长去理解的重要事实：有些时候，孩子的情绪就是很糟糕，而我们也无力去"修复"什么。

我们可以努力保持平静和慈爱。我们可以始终陪伴在左右。我们可以将有创意的招数使个精光。然而，我们也许还是不能让事态马上好起来。有时候，我们所能做的就是陪着孩子一起走出这些情绪。如果孩子明白地表示了他们想要独自待着，那我们就该表现出尊重，因为他们觉得自己就得这样才能冷静下来。

这不意味着我们要留孩子一个人在房里哭上好长时间。这也不意味着我们在孩子需要帮助时，不准备去试试那十八般策略。在蒂娜的案例中，她最后将自己的丈夫派进了儿子的房间，然后这氛围就变化了，他平静了些许，所以过不久他和妈妈就重新聚到一起，开始讨论所发生的这一切。但是有好几分钟蒂娜都只是一直在说："如果你需要，我就在这里陪伴着你。"然后又离开他的房间几分钟，关上贴着"禁止妈妈"符号的房门，让他安然地享受这必要的孤独，按他自己的方式来习惯自己的节奏。

兄弟姐妹之间发生冲突时也是这样。理想状态是能够帮助每一个孩子都恢复到良好的思维状态，然后与他们两两或者一块合作，教给他们那些优良的人际交往及会话技能。但是有时候，这就是不太可能。甚至即使只是其中一人情绪失控，也会妨碍诸如和平决议之类的东西的达成，因为逆反性压倒了包容性。有时候你所能够做的最好选择，就是将他们分隔开来，直到每个人都冷静下来，你们大家才能再聚在一起。当冲突爆发时，如果残酷的命运安排你们都要被困在一辆车中，那么你也许只需要大方地认识到事态不会有转机，然后径直打开音乐。你这样做并不是屈服。你只是认识到这一刻，管教是不会有效果的。在这种情况下，你可以说："现下不是讨论这个的好时机。你们都很生气，我也是，所以我们就先听听佛利伍麦克的歌吧。"（好吧，也许这不是能够吸引孩子的最佳音乐选择，但你明白这个意思就好。）

我们，丹尼尔和蒂娜，都是训练儿童青少年并撰写教育类书籍的心理治疗师。如果孩子情况不太妙，他们的家长会来征求我们的建议。而我们也想要让你我大家都明白，有些时候，没有什么魔法棒能够挥一挥就将孩子送往宁静幸福的港湾。有时候我们能做出的最佳选择就是传达我们的爱；当孩子想要我们靠近时，能够去靠近；在他们准备就绪时，再来讨论这个情况。就像宁静祷词所说的那样："恳求你赐我恩典，安详地接受不能更改的事件；给我意念，勇敢改变可以改的事件；赠我慧剑，能够分辨接受还是改变。"

这就是我们在总结本书时所要提出的第一条信息：管教有时根本没有魔术棒可言。孩子仍然不开心，但如果你已经做到最好了的话，你就不是一个糟糕的家长。

## 带来希望的信息之二：即使你把事情搞砸了，孩子还是能从中受益

正如一时间的管教技巧不管用不会让你变成一个糟糕的家长一样，时不时地犯几个错误也不证明你就是一个糟糕的家长。你是一个，人。

事实上，没有人可以做到完美，尤其是在面对孩子的所作所为时。有时我们能进行良好的自控，并为自己仍能保持深厚的爱、理解和耐心而感到自豪。又有些时候，我们一下子就会堕落到孩子的境界，做出一些幼稚的、让大家都感到不愉快的事情。

这带来希望之光的第二条信息：即使你对孩子进行的反馈并不是那么好，你也还是要振作，你极有可能正在给他们提供各种有益的体验。

你是否曾发现自己是如此懊丧，因为你对孩子发出了没必要那么大声的喊叫："就这么定了！谁再抱怨自己坐的位置不好谁就下车去走路吧！"又或者在上学路上，你8岁的女儿因为你要她练钢琴而不停地嘟嘴抱怨，于是你在她下车时送上了这些讥讽的话："虽然你已经把这个早晨搅得一塌糊涂，我还是希望你今天能过得开心呢。"

很明显，这些例子都不是最好的管教。而如果你也像我们大家一样，就也会苛责自己，因为有时你无法像自己所期望的那样掌握好事态。

而希望之光：那些不太好的管教片段对孩子来说并不一定是必须忍耐的糟糕体验。事实上，它们是真的极其有价值。

这是何故？因为我们那糟糕的、人类的管教反馈能够给孩子提供机会，去面对困境，从而开发出新的能力。即使父母并没有将自控做到很好，他们自己也必须得努力学习自控。然后他们就会看到你是如何道歉及扭转事态的，这就是在给他们作示范。他们体会到，即使是起了冲突和纷争，也是能被修复的，事情总会有转机。这能帮助他们在以后的各种人际关系中形成安全感，从而不会感到那么恐惧；他们学会了去相信甚至期待，因为暴风雨过后，有宁静和情感连接在等着。并且，他们还会认识到，自己的所作所为对他人的情绪和行为是有影响的。最终他们会看到，你并不完美，所以他们也不会期望自己成为完美的人。孩子因为必须帮助布置节日装饰而抱怨起来，所以家长大声而冲动地宣告说他要将所有礼物都送回别人手里——我们其实是能从这种事情中得到很多启发的。

当然，身体或者心理上的虐待又是另外一回事了。如果你正在给一段关系造成很大的伤害，或者正在恐吓自己的孩子，那么这种体验会带来极其有害的影响。这种伤痕非常恶劣，且无法修复。如果你发现自己会一而再再而三地堕入这种情况中，你就应该马上寻求专业援助了，因为事态必须得到改变，这样才能保证你孩子的安全，并且让他们明白自己是受到保护的。

但是，只要你还在培养亲子关系，会于冲突之后与孩子一起进行修复环节（下文会有更多内容），那么你就该放自己一马，你得明白，即使你希望自己不是这样行事的，你也还是给孩子提供了一些有价值的体验，他们明白了修复一段关系并重新建立情感连接有多重要。

我们并不是说家长应该有意识地去破坏情感连接，或者说如果我们是在高压环境（或其他什么环境）中对孩子做出反馈，就没必要为做到最好而努力。我们希望自己已将这一观点表达清楚了。能表现得越慈爱和越体贴越好。并不理想的互动之中那些并不理想的片段会发生在我们每一个人身上，即使是对那些专门撰写这方面专著的人来说也不会例外。我们只是说，如果我们不能如自己所期望的那样行事，那就赏自己一点慈悲和宽恕吧，因为即使是在这种情形之下，也不排除会存在一些有价值的片刻。脑海中有目标和意愿很重要。并且，要对自己宽容一些，自我同情不仅对创造一个心灵圣地很有必要，还能给孩子树立一个榜样，让他们明白对自己要和对他人一样好。这些在我们身上获得的体验能给孩子创造机会，去学习为未来生活中的冲突和情感关系而预备的重要道理，甚至还能教会他们如何去爱。这算不算是希望之光？

## 带来希望的信息之三：
## 你随时都能再来一次情感连接

我们在与孩子相处时，无可避免地要去体验冲突的滋味。它一定会发生，甚至有时候一天之内就会出现好几次。误解、争吵、互相冲突的意愿以及其他沟通中的问题，都会使亲子关系出现裂痕。这裂痕由冲突而来，由你所设定的行为界限而来。也许你已决定要强制规定一个入睡时间，或者禁止你的孩子去看你觉得对他没有好处的电影。或者你的女儿认为在她与妹妹的争吵中，你站到了妹妹那一边。又或者你不想再跟她玩一个叫作滑道梯子棋的游戏，所以她感到很懊恼。

无论原因是什么，裂痕终究是产生了。有时它们会变大，有时它们会变小。但是无论如何，我们都回避不了这些裂痕。每个孩子都要面对这个特别的挑战，即维持和谐的情感连接，而我们自身的问题、孩子的脾气、我们的成长背景与孩子个性的匹配度，以及孩子会让我们想起的是那并不如意的往事中的谁，而这些因素都对情感连接起着决定性的影响。

在大部分的成人关系里，即使我们犯了什么错误，也终究会承认它，或以某种方式去面对它，然后做出修正。但是一说到与孩子间的关系，许多家长就径直忽视了其中的裂痕，而不愿选择面对。这会让孩子（或者大人也是一样）觉得迷茫又受伤。你能想象自己在乎的人突然变得好像带了刺，并且非常无礼地同你说话，然后又再不提起这茬，当从没发生过这事吗？这种感觉并不好，不是吗？那对你的孩子来说，也是一样的。

因此，如果你要修复情感关系中的什么裂痕，记得关键在快，尽快。你要与孩子重建起互助而有益的情感连接。如果不去修复裂痕，那么亲子间的情感连接就会断开。如果这种情感连接断裂的状态持续很久（尤其如果还伴随着你的怨念、敌意和怒气），那么如毒草般的耻感就会在孩子心里滋长，危害着他渐渐成形的自我意识以及关于人际关系运作机制方面的思考。因此，在产生裂痕之后及时与孩子重建情感连接就变得至关重要。

作为父母，我们是有责任这样做的。我们也许可以通过施与或者求得宽恕（"对不起，我想我有点反应过激了，因为今天真的是格外地累。我清楚自己没有好好自控。如果你想说说这让你产生了什么感觉，我很愿意倾听"）来重建情感连接。这中间也许有开怀大笑，也许有涕泪涟涟（"噢，我做得并不太好不是吗？你们谁愿意给我讲讲当时我有多神经质吗"）。又也许，只需直截了当地承认错误（"我没有料到自己会那样做。你愿意原谅我吗"）。无论是要使用什么办法，都得努力去完成情感连接的重建。只有以真诚而有爱的态度尽快去进行情感连接的修复和重建，我们才能再次"接通"孩子，并给他递去这样的信息：情感关系比造成冲突的那些事情更为重要。此外，我们在与孩子重建情感连接时，也在给他们示范一种至关重要的能力，这种能力能使他们在成长的过程中，享受到更为有益的人际关系。

这就是带来希望的第三条信息：我们随时可以再次进行情感连接。即使我们手里没有魔术棒，孩子的情绪也还是会缓和并最终平静下来的。他们最终会做好准备去感知我们那些充满正能量的意图，并接受我们的关爱和抚慰。他们这样做的时候，就是我们情感连接重建成功的时候。作为普通人，即使我们当了家长，也免不了会一次又一次地犯错，但我们一定会主动去找孩子修复我们之间的罅隙。

尽快修复裂痕

> 我没有好好去把握这个事态。我为自己所说的那些刻薄话向你道歉。你能原谅我吗？

最终，所有一切都回归到了情感连接上。是的，我们要进行理性引导。我们要进行教育。我们的孩子需要我们帮助他们学会如何以积极的方式集中自己的意愿，学会认识并且面对那些规则界限；学会发现生而为人该有的东西，并在此基础上习得道德、伦理、共情、仁慈和付出。是的，理性引导至关重要。但是在你心里，亲子关系自始至终都该放在第一位。**把行为暂时搁置吧，你与孩子间的关系才是首要任务**。一旦亲子关系出现任何裂痕，都得尽快去重建情感连接才是。

## 带来希望的信息之四：做出积极的改变永远不嫌晚

我们给你带来的这一信息在这四条中，最能担得起"暖暖内含光"的名号：做出积极的改变永远不嫌晚。你现在既然已经读了这本书，就应该能感受到至少此时，你有些管教方法与那些对孩子来说最为有利的方法是背道而驰的。也许你还感受到，你进行管教的方式逐渐损害了你与孩子间的关系。又或者你意识到，自己忽视并且错过了那些帮助构建孩子的大脑、以使他们能够以最理想的状态长大成人的机会。也许，你现在才发现，你所使用的管教策略一点都不管用，而是给一家人带来了更多的冲突和懊丧情绪，并在事实上让你没能享受到与孩子一起的时光，因为你最终总是要一次次地去面对他犯下的那些同样的错误。

如果你的情况与上述的任何一种相符，那请你重拾希望之光吧。还不算太晚。如我们所说过的那样，神经可塑性向我们展示了在人的一生中，大脑的易变性及适应性都是令人惊奇的强。无论你和孩子现在有多大，你都可以去改变自己的管教方式。去情绪化管教会教你怎么做。不过没有公式可供模仿，也没有魔术棒能够用来解决一切问题，让你成为不失手的家长。我们所说的希望是，你现在懂得了一些原理，这些原理能够指引你去使用那些让你感觉良好的办法来管教孩子。你现在会使用的那些策略能够真正地以积极的方式去塑造孩子的大脑，并让他们拥有优秀的情商，做出明智的选择；它还能巩固你们之间的亲子关系，并帮助孩子成为你想要让他们成为的那种人。

即使（或者说尤其）孩子做了什么让你感到懊恼的事情，你也还是要回馈他们以情感连接，这种时候，你的重点在于尊重孩子以及你们之间的亲子关系，而不是惩罚或者说让他服从。所以下次如果你那蹒跚学步的孩子发起了脾气，或是上 2 年级的孩子捶了自己的妹妹，又或者是上初中的孩子跟你顶嘴时，你就可以选择用去情绪化的、全脑的模式去做出反馈。你可以从情感连接开始，然后用上理性引导的那些策略，教导孩子什么是个人洞察力以及人际共情心，并让他们了解到对自己所犯的那些错误负起责任的重要性。

在这一过程中，你会更明白要如何激活孩子脑中的某些回路。神经元会一起被激活，并连接成网络。而被反复激活的回路会得到强化及进一步的成长。这里就有个问题了，你想要强化孩子大脑的哪个部分？如果你用严厉、吼叫、纷争、惩罚以及刻板来进行管教，那么激活的就会是孩子下脑那个逆反的部分，这部分的脑回路会得到强化，并被设置为极易启动模式。而如果用冷静、有爱的情感连接去进行管教，你激活的就是能够自省的、包容的、有节制的第七感脑回路，强化并助长的就是上脑，而这个区域能够帮助培养洞察力、共情心、整合能力及修复能力。**所以现在，你得保证自己给孩子的方法是有价值的。你要帮助他们开发出会逐渐增强的能力，以管理自己并做出明智的选择和良好的自控，即使此时的情况很有挑战性，而你又没在他身旁。**

你并不完美，你也不是每次都有机会从去情绪化的、全脑的视角来进行管教。我们也不完美，也不是次次都有机会这样做。

但是你可以下决心去设法进行理性引导。你踏出的每一步，都是家长馈赠给孩子的礼物。你的实际行动已向他们说明：为了帮助他们谋取终身成功及幸福，为了让他们保持愉悦、健康以及完整的自我，你越来越努力了。

## 附录A

### 关于连接与引导的小贴士
#### 去情绪化管教
丹尼尔·西格尔博士 & 蒂娜·佩妮·布赖森博士 著

## 首先，情感连接

- 为什么把情感连接摆在首位？
  - 短期成效：它能让孩子从逆反状态走向包容状态。
  - 长期福利：它能帮助构建孩子的大脑。
  - 人际关系方面的好处：它能加深你与孩子间的感情。
- 去情绪化情感连接准则
  - 关掉"鲨鱼音乐"：远离过往经历以及对将来的恐惧所奏响的配乐。
  - 探求为什么：与其只关注行为，不如看看行为背后的东西——"为什么我的孩子会这样做呢？他在表达什么意思呢？"
  - 想想怎么做：你所说的东西很重要。但如何去说它也同样重要（如果不是更重要的话）。
- 去情绪化情感连接循环：帮助孩子感受到被感受
  - 表达安慰：将自己的身体降至低于孩子视线的高度，然后给予孩子关爱的肢体接触，向他点头，或者满怀同情地看着他，通常你就能快速地给紧张的局势降下温来。
  - 认同：即使你不喜欢这种行为，也请承认它，并接纳孩子的感受。
  - 别再说了，先听吧：如果孩子正处于情绪崩溃当中，别去解释和教导，别试图通过交谈来让他摆脱现在的感觉。只需要去听，去领会孩子所表达的意思和情绪。
  - 反射你所听到的东西：完成倾听这一步之后，请把你所听到的东西反射回去，让孩子知道你听懂了他们的意思。这个举动会带你重回表达安慰那一步，于是下一次循环又开始了。

## 然后，理性引导

- 去情绪化的 1-2-3 管教
  - 一个定义：管教的要义在于教。躬自三问：
    1. 为什么我的孩子会这样做？（他的心理/情绪出现了什么变化？）

2. 我想教给他们什么?

3. 要怎么教效果才最好?

- 两个原则:

  1. 等待孩子(以及你自己)准备好。

  2. 始终如一但不刻板。

- 三个第七感成果

  1. 洞察力:帮助孩子理解自己面对困境时的感受和反应。

  2. 共情心:让孩子去练习思考自己的行为会对他人造成怎样的影响。

  3. 整合与裂痕修复:询问孩子要做些什么才能纠正错误。

- 去情绪化理性引导策略

  - 少说话
  - 接纳各种情绪
  - 要叙述,不要说教
  - 让孩子参与管教过程
  - 用有条件的肯定表达反对的意思
  - 着重于积极的东西
  - 创造性地处理问题
  - 传授第七感技巧

## 附录B

## 亲子教育专家的挫败时刻：你并不孤独

即使我们写了这本关于亲子教育和管教的书，也不代表我们在面对自己的孩子时就不会犯错。以下是两个想起来就很好笑的故事（我们俩一人一个），它们证明我们所有人都有被逆反的大脑控制的时候。

### 丹尼尔之"愤怒的薄饼"

有一天看过电影之后，我、13岁的儿子以及9岁的女儿走进了一家小小的快餐店。我的女儿说她不饿，所以儿子就跑去柜台给自己点了一块小小的薄饼，然后我们坐了下来。从点餐柜台后头的开放式厨房那里飘来阵阵香气时，这块小小的薄饼送上来了。儿子先来了一叉，然后，我的女儿询问说她能不能尝尝看。我的儿子看了看那块小小的薄饼，向妹妹解释说他很饿，她可以再去给自己点一份。我觉得这个建议很合理，于是应承说再给她点一份。但是她说自己只是想来那么一小块尝尝什么味道而已。这好像也没什么不对，于是我又去游说我的儿子，给妹妹分一块。

如果你家不止一个孩子，或者你自己是和兄弟姐妹一起长大的，你可能会对兄弟姐妹间的国际象棋大战很熟，在这个无时无刻不需要策略的游戏里，每走一步都是在宣示权利以及争取父母的认可和赞许。但这对兄妹现在并不是在玩主权宣示类游戏，而且在这家小小的家庭薄饼店再买一块薄饼的那点花费，对避免发生你预感的事情来说简直不值一提。但是我却没有买，而是犯了一个管教大错，那就是没有在这场兄妹游戏中做到公正。我坚持让儿子与妹妹分享他的薄饼。如果说这场兄妹互动之前还不能算作国际象棋式大战的话，在我介入之后，它就绝对是了。

"为什么你就是不肯给她一小块，让她尝尝什么味儿呢？"我劝说道。

他看看我，又看看薄饼，发出一声表示让步的叹息。即使他已经长成一个少年了，他还是愿意听我的。然后，他像用手术刀那样，切下一块你能想象到的最小块的，小到差不多要用镊子夹起来的薄饼。如果是其他时候，我也许会大笑，并把这视作兄妹国际象棋大战中的一出趣招。

我的女儿叉起这块薄饼，把它放在她的餐巾上，然后说这也太小了。于是"炸点"就来了。妹妹开始发功了。

如果是看在外人眼里，桌边的我们大概也没什么奇怪的：

一位父亲带着他的两个活泼的孩子出来吃点东西。但是，我自己知道自己要爆发了。当说说笑笑彻底变成吵吵闹闹时，我的心理发生了变化。我开始头晕，但我告诉自己要保持平静，诉诸理性。我可以感觉到自己的脸色紧绷、拳头紧握，我的心开始快速地跳动，但我试着去忽视这些信号，忽视下脑已经压制住上脑的事实。这时我就是这么一个状态。

当我觉得自己所遇到的这个事情其滑稽性超出了我的感知范围时，我站起身来，拉住女儿的手，径直走了出来，站在店门前的人行道上等着——等着我的儿子把他的薄饼吃完。没过几分钟，他出现在我们面前，问我们为什么离开了。于是我气冲冲地拖着女儿往车子那边走去，我的儿子匆忙跟了上来，我说他们应该懂得要互相分享食物。儿子以一种十分肯定的语调指出，他的确分了妹妹一块，但是那时我正被这懊丧之情激出满腔怒火，没有什么能够浇熄它。我们上了车，我怒火万丈地发动了引擎，准备离开这里直接回家。他们兄妹恢复了正常的样子，出来看了场电影，吃了点东西。我却变成了一个失去理智的父亲。

我不愿就这么算了。儿子坐在我旁边的座位上，如其他青少年都会做的那样，用他的理性和克制来反驳我说的那些东西。实际上，在与自己那正处于非理性状态的父亲打交道时，他倒特别能保持平静。

在这种情势之下，我越来越生气，最后居然破口大骂了起来，我叫着他的名字，威胁说要没收他那把心爱的吉他，这种惩罚可是糟糕到连孩子都不会去考虑的啊。

我并不因给你们讲这样一个故事为荣。但是蒂娜和我的确觉得这种情绪爆发的状况是很普遍的，我们有必要承认它的存在，并互相帮助去了解第七感是如何消除这种状况对我们的情感关系和周遭世界的负面影响的。通常如果我们正处于羞愧的情绪当中，会试图去忽视已经崩溃的局面。但如果我们清楚发生了什么，就不仅要去修复那对我们和他人都带来极大害处的伤痕，还要努力去缓和这一紧张的事态，并减少同类事情再次发生的频率。

所以当我回到家时，我意识到自己需要平静下来，去与儿子建立情感连接。我知道修复这一切至关重要，但我的心跳和血压指数还在往上飙涨，在行动之前，我必须将自己的生命体征恢复到正常。我意识到出门去锻炼一下可以帮助改变我现在的心理状态，于是我带着女儿去溜冰了，在这段时间里她帮助我恢复了第七感。我对自己产生了更多的洞察，认识到我对儿子的反馈方式至少是不公正的，因为在潜意识里，我把他与我自己的哥哥画上了等号。并且，我对儿子从我们这次交锋中所得的体会产生了共情。

经过了交谈、溜冰和反省，我终于冷静下来了，我走进儿子的房间，问他我们是否可以谈一谈。我说，我觉得自己走了极端，因为这样开场有益于我们继续进行对所发生的这一切的讨论。他告诉我，他认为我对妹妹是过于庇护。他说得很对。虽然因不理性的表现而产生的尴尬促使我想要为自己和自己的反应辩护，我还是保持了沉默。儿子继续跟我说，我这样"不开心"根本没必要，因为他真的没做错什么。他说得对。然后我再次感到自己有辩护的冲动，很想去教导他关于分享的道理。但是我提醒自己，要保持反省状态，要专注在儿子而非我的感受上。现在我的核心立场就是不去判断谁才是对的,而是要愿意接纳,并且能够接纳他。你也想象得到,要做到这一切,都是需要第七感的。非常感激那时我的前额叶区已恢复工作。

听完他的话之后,我认识到自己实际上是(不公正的)站在了妹妹那一边,我能体会他会觉得这是多么不公平,而我的爆发也显得毫无道理(因为事实就是如此)。为了解释而非找借口,我把自己脑海里那时的想法都告诉他了,比如我把他看成自己的哥哥,然后我们才理顺了这整个冲突。即使在他这样一个少年人看来我可能很愚笨,我也很清楚,他知道了我对于亲子关系的奉献有多大,也知道了我那修复裂痕的努力是真诚的。我的第七感恢复了,两种思维重又连接在一块,而我们之间的关系也回到了原来的轨道。

## 蒂娜的肢体摘除式威胁

我的第一个孩子还是 3 岁时,有一天,他打了我。如其他年轻且理想化的家长那样,我相信自己能做出的最好选择就是与 3 岁的他来一番充满理性的谈话,因为他会从我的角度去看问题,有如神助般。我将他带到楼梯下面,坐在他身旁,微笑了一下。我关爱(而幼稚)地说:"手是用来帮助别人、关爱别人的,而不是伤害别人的。"

就在我说出这番老生常谈的当口,他又打了我一下。

于是我决定试试共情的办法。此刻,我的语调听起来可能少了那么一点关爱(但仍是幼稚的),我说,"啊!这让妈妈很受伤呢。请对我这把骨头温柔点。"

这时，他又再来了一下。

于是，我又试图走一条更为硬气的路子："打人不好。我们不要打人。如果你生气了，得用你的言语来表达。"

对啊，你也猜到了。他又打了我一下。

我感到迷惑。我觉得自己应该提高赌注，但不知道要怎么做。于是我拿出全部的威慑力，说道："那么现在你给我去楼梯顶上坐冷板凳去。"（这一管教策略没什么目的性，它的术语叫作"跟着感觉走"，真是又专业又科学。）

我把他押到了楼梯顶上。他多半在想："好酷！我们之前都没这样过……如果我下次再打她，会发生什么事情呢？"

我在这楼梯顶上弯下腰来，摇着手指说："再不能打人了！"

他没有打我。

他踢了我的小腿。

（这些天里，他在我们复述这个故事时指出，自己其实是严格遵守了我的不打人指示的。）

实际上，在这种时候我所有的自控能力，以及其他能想到的可行选择都从脑海中跑得干干净净了。我抓住他的手臂，将他从楼梯上拉进了我的房间，开始咆哮："现在你要在我和爸爸的房间坐冷板凳！"

再重申一次，我此时毫无策略、计划和方法可言。所以我那年幼的儿子一边还在继续把状况闹大，而这边他那脸色正渐渐涨红的妈妈却只能把他从房间这头拖向房间那头。

到这时，我已经把哄骗、责备、命令、反驳和论辩（说得太太太多了）都过了一遍："你不能伤害妈妈。打人和踢人不是我们家人做事的风格……"

这时他犯下了一个最大的错误。他冲我吐了吐舌头。

于是我那具有理性、共情心、责任感和解决问题能力的上脑就被原始的、逆反的下脑给完全地劫持了，我大喊道："如果你再吐一次舌头，我就把它从你嘴巴里扯出来！"

未免让你感到惊异，必须强调在任何场合下，我和丹尼尔都不建议威胁孩子说要拿掉他身体某个部位。这绝对不是好的管教。

这也不是有效的管教。我的儿子倒地大哭。我已经把他吓着了，他却还要说："你是一个坏妈妈！"他完全没有在反思自己的行为，他的焦点都在我的不当行为上。

我接下来所做的大概是这整场交锋中唯一对的事情，当我们与孩子间的关系出现这类裂痕时，必须这样做，那就是我们一起修复了这裂痕。我立刻意识到在刚刚那个敏感而愤怒的时刻，我的面目有多狰狞。如果有人像我刚刚那样对待我的孩子，我一定会暴跳如雷。于是我跪下身子，和年幼的儿子一起坐在地板上，紧紧地抱住他，告诉他我有多么抱歉。我让他尽情地去讲述自己是多么不喜欢刚刚所发生的一切。我们一起把这件事情复述了一遍，让他搞懂这一切，然后我安慰了他。

在讲述这个故事时，我总是会听到大笑声，因为家长对这种时刻是如此有共鸣，并且，我想他们也很高兴听到家庭教育专家也有这么溃败的时刻。如我向观众所解释的那样，我们需要怀有耐心、理解和原谅——不仅是对孩子，也是对我们自己。（人们总是问我现在会有什么不一样的举措。请参见第6章，在这一章我们讨论了要如何在四步内对付学步期儿童的不当行为，还有图解哦！）

虽然这些故事说起来有一点尴尬，我们还是将它们拿了出来，证明我们大家在难以或者失去自控时，都很有可能会进入下脑的这种分崩离析的状态。不管怎么说，这些片段不应该经常发生。如果你发现自己经常处于很严重的失控状态，我们建议你要考虑一下寻求专业援助，以帮助你看清自己的情绪需要或者情绪创伤，可能就是它们使你在与孩子打交道时老是表现得那么过激。但如果你是像大多数人那样偶尔犯浑，那只是正常管教的一部分。关键在于当这种情况发生的时候，我们要认出它们来，并尽快地终结它们，以将它们造成的伤害减少到最小，然后再进行修复。我们需要重拾那已确实丢失的东西，即第七感，用洞察力和共情心与自己重建情感连接，然后再与那些我们非常在乎的人一起修复事态。

## 附录C

## 给抚育者的提示

对孩子的人生来说，你是一个重要的人物。通过塑造他们的心灵、性格乃至大脑的结构，你在帮助他们明确自己会成为什么样的人。因为我们都有着这般惊人的权力和责任，去教导他们如何做出明智的选择，如何成为温和而成功的人。我们应该和你一起分享自己是如何处理孩子的行为所带来的挑战的，希望我们可以共同努力，在该进行管教的时候，给孩子一致而有用的体验。

**以下是能够指导我们行事的八个基本准则：**

**1. 管教是必不可少的。**我们相信要关爱自己的孩子，给予他们所需要的，就得给他们设定清晰一致的行为界限，并且对他们抱有高期望值，这些都能帮助他们在人际关系及生活的其他方面取得成功。

**2. 有效的管教取决于亲子关系中的爱与尊重。** 管教绝不包括威胁或羞辱，造成身体疼痛，吓唬孩子或者让他们对家长产生敌意。对介入的每个人来说，管教带来的感觉都应是安全而充满爱的。

**3. 管教的目的在于教。** 我们会利用管教的时机来构建孩子的能力，以使他们在当下能够更好地管控自己，在未来能够做出更明智的决定。通常来说，总有些办法是比马上给予惩罚要好的。与其去惩罚，我们不如帮助孩子反思自己的行为，帮助他们变得有创造性和幽默感，以使他们愿意合作。为了使他们从此以后能够拥有意识和能力去做出更好的行为，我们要通过与他们进行交谈给他们设定行为界限。

**4. 管教的第一步是关注孩子的情绪。** 孩子之所以犯错，通常都是因为没能管好那些强烈的情绪，或者尚未有那个能力去做出明智的选择。所以请多关注行为背后的情感体验，这种关注与行为本身是同样重要的。事实上，科学研究显示，正视孩子的情绪需要与开发他们的大脑，使他们在成长过程中慢慢地能够更好地管控自己，是渐渐改变其行为的两个最有效的方法。

**5. 孩子不开心或者闹脾气的时候，就是他们最需要我们的时候。** 我们需要向他们表明，我们正陪伴着他们，即使他们已经到了最糟糕的地步，我们也会陪伴着他们。我们就是这样建立起信任和纯粹的安全感的。

**6. 有时我们需要等待孩子准备好去学习。** 如果孩子正处于不愉快或者失控的状态，那么这时就不应该试图对他们进行教导。那些强烈的情绪证明孩子需要我们。我们的首要任务是帮助他们平静下来，这样他们才能恢复良好的自控。

**7. 我们帮助他们投入学习的方法是与他们进行情感连接**。在对他们的行为进行理性引导之前，我们得先进行情感连接和安慰。就像在他们身体受伤时我们要去安慰一样，他们在情绪上感到不愉快时，我们也要去做同样的事。我们的行动方法是：认同他们的感受，给予他们体贴的共情。在进行教导之前，先进行情感连接。

**8. 情感连接之后是理性引导**。孩子一旦感觉到与我们之间建立了情感连接，就会更愿意去学习，于是我们就可以对他们进行高效的理性引导，并与他们讨论他们的行为。我们在进行理性引导及设定行为界限时，希望达到什么目的？我们想要孩子能够获得对自己的洞察力，对他人的共情心，以及犯了错误时及时改正的能力。

对我们来说，管教归结到底就是简单一句话：**情感连接和理性引导**。我们的第一反应应该是给予抚慰人心的情感连接，接着再对行为进行理性引导。**即使我们要对孩子的行为说不，也得坚持对他们的情绪，以及他们体验事物的方式说好**。

## 附录D

# 即使是最棒的家长也会犯的 20 条管教错误

因为我们教育的总是自家孩子,所以要客观地去看待自己的管教策略真的要花工夫。良好的意图会迅速被不那么高效的习惯所取代,这会使我们轻率行事,从而无法通过管教让我们(或是孩子)做到最好。以下是一些很普遍的管教错误,即使家长拥有最棒的意图以及最渊博的知识,也会犯这样的错误。当我们忘记去情绪化的、全脑的管教目标时,这些错误就会出现。将这些错误熟记于心能够帮助我们在开始犯浑时避开它们,或是退后一步。

### 1. 我们的管教变成以惩罚为本,而非以教育为本

管教的目的不是确保每一次犯错都得马上受到惩罚。我们的真正目的是教导孩子如何在这个世界上过得好。但许多时候,

我们是用自动航行模式来进行管教的，我们是如此着重于惩罚，以致它变成了我们的终极目标、绝对焦点。所以当你要进行管教时，请自问你真正的目的是什么。然后找出一个有创意的办法来进行你的教导。无须一点惩罚，你完全可以找到一个更好的教导方法。

### 2. 我们认为如果我们正在施行管教，就不能表现得温柔体贴

在管教孩子的时候，保持冷静、关爱和体贴真的是可能的。事实上，将清晰一致的行为界限与充满爱的共情心结合在一起也是很重要的。别低估了你在与孩子就你想要改变的那种行为进行交谈时所用语气的威力。说到底在管教中，你一边得与孩子以能传达温暖、爱、尊重和同情的方式进行交流，一边要努力保持自己的权威和一致性。管教的这两个方面可以，也应该共存。

### 3. 我们把一致性与刻板搞混了

一致性要求我们本着一个可靠而一致的哲学观来行事，这样，孩子才会明白我们究竟在他们身上期望什么。这并不意味着我们要始终坚定不移地效忠于某些随意的规则。有时你完全可以在这些规则之外破个例，对轻微的犯规行为睁一只眼闭一只眼，或者大方地放他一马。

### 4. 我们说得太多

通常来说，孩子正在逆反状态中，所以不愿听进他人的话时，我们只需要闭嘴。如果我们对着不开心的孩子喋喋不休，那多半会起反作用。我们只是在给他们大量的感官冲击，让他

们更加难以管控自己。不如多用非言语的方式进行交流吧。抱住他们。捏捏他们的肩膀。给个微笑或者共情的面部表情。点点头。然后，当他们开始平静下来并准备好去倾听时，你就可以进行话语的理性引导，从言辞和理性的层面来处理这一状况啦。

### 5. 我们在行为上强调得太过，却对这行为背后的原因关注不够

所有好医生都知道，症状只是其他那些需要解决的问题的信号。孩子的不当行为经常是其他什么事情的症状。如果我们不通过情感连接来了解孩子的感受，以及致使他们做出这等行为的主观体验，那么这些症状还会复发的。下次你的孩子又开始发作时，请戴上你的福尔摩斯帽，看穿这行为背后的感受——好奇、愤怒、懊丧、疲惫、饥饿，等等，这些都可能是他们行为的诱因。

### 6. 我们忘记了要把重点放在说的方式上

我们与孩子说了什么很重要。这是当然。但是如何去说也是同样重要。虽然这并不容易，我们还是想要在与孩子的每一次交流中努力保持温和与尊重。我们不是总能做到这一点，但这应该成为我们的目标。

### 7. 我们表达了孩子不应该有强烈或者消极情绪的意思

当孩子因为事情不如他所期望的那样发展而产生强烈的逆反情绪时，你是否曾试图压制他的反应？我们并不想这样，但是家长却经常给孩子传达出这样的信息，即我们只在孩子开心

的时候才有兴趣和他们待在一块，如果他们正在发泄消极情绪，我们就不想理他们。我们也许会说些这样的话，"等你准备表现得友善一些时，再加入我们当中吧。"我们不应这样，而是要表明我们会一直与他们同在，即使是在他们最糟糕的时候。虽然要对某些行为以及表达情绪的方式说不，我们也仍然应该对孩子的各种情绪说好。

### 8. 我们反应过激了，所以孩子就只关注我们的过激反应，而非他们自己的行为

如果我们管教过了头，如过分以惩罚为重，过分严苛或者反应过分强烈，孩子就不会把焦点放到他们自己的行为上，而是转头去体会我们有多坏、多不公正。所以请尽你所能，避免小题大做。如有需要，请直面不当行为，并将孩子带出困境，然后在来一番长篇大论之前，给你自己一点时间平静下来，这样你就能在做出反馈时，保持平静与审慎，就能将焦点凝聚在孩子而非你的行为之上。

### 9. 我们不进行修复环节

无论怎样，我们都避免不了要去体会与孩子起冲突的感觉。我们也无法永远在自控时保持最佳状态。有时我们也会不成熟、不包容、不温和。最重要的是我们要去面对自己的错误，并尽快修复亲子关系中的裂痕，而给予原谅和祈求原谅是最通用的做法。只要以真诚有爱的方式尽快去修复关系，我们就能给孩子展示一种至关重要的能力，这一能力可以让他们在成长过程中拥有更加有意义的人际关系。

**10. 我们在自己情绪化且十分敏感的时候发号了施令，过后又意识到自己是反应过激**

有时我们的声明会有点太"大"了："这个夏天你都不准再去游泳！"请即时更正这种命令。很明显，遵守承诺非常重要，要不然你就会失去自己的威信。但你还是可以在保持一致性的同时挣脱这类承诺的束缚。比如说，你可以授予他们"再来一次"卡，你可以这样说："我不喜欢你的所作所为，但是我愿意再给你一次机会，去试着以正确的方式处理问题。"你也可以承认自己是反应过激了："我之前是生了大气，所以没能好好去思考这件事情。现在我又想了一遍，就改变主意了。"

**11. 我们忘记了孩子有时也需要我们的帮助，才能做出明智的选择或让自己平复下来**

孩子在失控时，我们会想去要求他们"马上停下来"。但有时，孩子（尤其是年幼的孩子）实际上可能还没有那个**能力**让自己立即平静下来。这意味着你也许需要帮把手，以使他做出明智的选择。最先要做的就是要双管齐下，用言语交流和非言语交流与孩子进行情感连接，这能帮助他明白，你是在意他的沮丧情绪的。只有经过了情感连接，他才能准备好接受你那为了做出更佳选择而进行的理性引导。请记住，我们经常要在对不当行为进行反馈之前等待一阵。如果孩子仍处于失控状态，那此时就不是严格施行某项规则的最佳时机。不管怎样，只有变得更加平静、更加有包容心了，他们才更能吸取教训。

### 12. 我们会拉上个观众来看我们进行管教

我们中大部分人都会因为其他人的想法而产生太多顾虑，尤其是在我们教育孩子这个问题上。但是有他人看着时就给予不同的管教对孩子来说是不公平的。比如说在岳父岳母面前，你会觉得自己正在被评判是否够格做家长，就可能会想表现得更加严厉或敏感一些。请抛弃这种想法吧。请将孩子拉过一边，只对他一人小声地说话，别给其他人听到。这样做不仅能让你无须再担心自己在在场的其他人眼中是何观感，还能让你更好地去把握他的行为和需要。

### 13. 我们陷入硬碰硬的博弈中

当孩子觉得自己已被逼到角落了时，他们会出于本能进行反击或者彻底地封闭自己。所以请小心这一陷阱。请考虑给孩子一个台阶："你要不要先喝点什么，然后我们再把这些玩具捡起来？"或者商量说："我们来找找看有没有办法能让我们各取所需。"（当然，有些事情没有商量的余地，但是商量本身并不是软弱的标志；它表达的是你对孩子以及他的欲望的尊重。）你甚至可以向你的孩子寻求帮助："你有什么建议吗？"你也许会很震惊地发现，原来孩子是那么愿意为了化解僵局而妥协。

### 14. 我们是根据自己的习惯和感受，而非针对某个时刻的某个孩子来进行管教

我们有时会把孩子痛批一顿，可原因却是我们感到疲倦，或者我们自己的父母就是这样做的，又或者我们已经被他那个一早上都在胡闹的哥哥烦透了。这是不公平，但是可以理解。

我们需要做的是反省自己的行为，专注于陪伴孩子，并且只对那时间发生的事情做出反馈。这是家长教育难度最高的任务之一，但是只要做得越多，就越会懂得如何对孩子做出充满爱的反馈。

### 15. 在旁人面前纠正孩子会让他们感到尴尬

如果你必须在大庭广众下管教孩子，请一定照顾到他的感受。(想想，如果一个对你来说很重要的人在其他人面前因为什么事而对你大呼小叫，你会有什么感受？)如有可能，请离开房间，或者至少将孩子拉近，对他低语。这不总是可行，但如果能这样做的话，请向孩子展示你的尊重，别因为要纠正他的不当行为，就给他混有羞辱成分的反馈。毕竟，使孩子感到窘迫只会将他的注意力从你想要教导的那些道理上搬移开来，然后他就不太可能会去倾听那些道理了。

### 16. 在让孩子解释之前，我们已经预设了一个最坏的情形

有时某个情形看起来挺糟糕的，并且实际上也是如此。但有时，事情并不如它们看上去的那么坏。在进行严厉的惩罚前，请先听孩子说说。他也许会有一个很好的解释。如果你觉得自己的行为是有理由的，但别人却说："我不在意这个。我不想听。没有什么理由或者借口可言。"那你也会觉得非常懊丧的。显然，你不能这么幼稚，每一位父母都应该随时带着批判性去思考。但在为了什么初看去再明显不过的事情斥责孩子之前，请先去了解他要说什么。然后你才能判断，该如何去进行反馈才最好。

### 17. 我们漠视孩子的体验

如果孩子对某种状况产生强烈的反应，并且这种反应看起来好像毫无来由甚至是荒谬可笑时，我们就会很想这样说："你只是累了。""别大惊小怪了。""这没什么大不了。"或者"为什么你会为这件事而哭啊？"但这种言辞是在藐视孩子的体验。想象一下：你正不开心着呢，有人却对你说了这样的话，你是什么感觉？在进行反馈之前，去倾听、去共情和真正去理解孩子的体会是我们的热情回应，这能使我们的反馈变得更加有效。即使这个反应对你来说很可笑，也请不要忘记，它对于你的孩子来说，是真实的，所以，请你别去漠视对孩子来说很重要的东西。

### 18. 我们期望得太多

大部分家长都会说，他们知道孩子是不完美的，但是大部分家长又会期待孩子能够永远表现良好。进一步来说，在管理情绪和做出明智决定的问题上，家长经常对自己的孩子期望过高，而且远远高于他在这个发展阶段的正常水平。这个问题在老大身上尤为突出。对孩子期望太高了，还会犯另外一个错误，那就是假定孩子如果一时可以把局面处理得很好，就永远都能处理得很好。但孩子，尤其是年幼的孩子，他们做出明智决定的能力值是波动的。某一次做得好不代表他们其他时候也能做到同样水平。

### 19. 我们让"专家"压制了自己的直觉

我们这里说的"专家"是指某些作者、大师以及你的朋友和其他家庭成员。别因为其他人觉得我们应该那样做就真的那样去管教孩子,这一点很重要。把那么些专家(以及非专家)给的资料都放进你的管教工具箱,然后再听从你的直觉去选择使用不同方法的不同层面,以期它能最适用于你的状况、你的家庭以及你的孩子。

### 20. 我们太难为自己了

我们发现,很多时候,那些最体贴、最认真的家长,对自己却是最苛刻。孩子每做错什么,他们都会想要进行一番优秀的管教。但这不可能。所以请让自己歇歇吧。爱自己的孩子,给他们设定清晰的行为界限,本着爱去管教,做错事时勇于弥补。对介入个中的每一个人来说,这都已经是良好的管教了。

## 附录E

## 全脑管教法

你也有这种时候,不是吗?睡眠不足,防滑鞋上沾上了泥污,新夹克上弄上了花生酱,作业博弈又开始了,键盘上弄上了橡皮泥,或者要克制说"她先挑事的"的冲动,这些让你在一天结束之前度日如年。你甚至还要从孩子的鼻孔里挖出葡萄干(或许还不是第一次),这时你最希望的,不过是挺住。

然而在孩子的问题上,你的目标绝不该仅仅是顺顺当当地活着。你肯定想熬过那些在餐馆里撒脾气的艰难时刻。但是无论你是孩子的父母、祖父母还是其他受托的抚育者,你的最终目标都是养育孩子,以使他们能够茁壮成长。你想要他们能够享有有意义的人际关系,变得体贴而充满同情,在学校里表现优秀,能够努力工作,做事牢靠,并且有良好的自我认知。

挺住。然后成长。

这些年我们见过数以千计的家长。我们在问他们什么对他们来说最重要时,这两个目标总是以各种表达方式出现在榜首。他们想要熬过那些艰难的管教时刻,并且想要孩子和整个家庭都有所成长。我们自己也是家长,我们也曾与家人抱有同样的目标。我们在更高尚、更平静、更理智的时候,会对培育孩子的思维,增进他们的新奇感,帮助他们开发出人生各方面的潜力更上心。但是有些时候,状况会更加混乱而紧张,比如说要将孩子哄上车,这样我们就有时间冲去看足球比赛,我们所期望的,不过是自己别去大喊大叫,也别听到谁跟自己说"你真讨厌"。

花点时间问问自己:你到底想从孩子身上获得什么?你希望他们能够养成什么样的品质,并且把它们带入成人阶段?你多半是想让他们能够快乐、独立并且成功吧。你想让他们能够享有充实的人际关系,过得有意义,有目标。那么现在想想,为了有意识地去开发这些品质,你在孩子身上花了几成功夫?如果你和大部分家长一样,就该忧虑自己是不是为了熬过每一天(有时甚至只是几分钟)花费了太多时间,却没能充分地去给孩子创造各种体验,以帮助他从此以往不断地成长。

你甚至可以将自己与某些从不在挺住这个问题上纠结的完美家长拿来比一比,看看是谁把醒着的每一秒都投入了帮助孩子成长的事业当中。据你了解,学生家长和教师联谊会会长擅长做有机且营养相当均衡的饭菜,她会用拉丁语给孩子讲述帮助他人的重要性,还会陪同孩子去艺术馆,那里的空气混杂着古典音乐和来自空调口的薰衣草喷雾香。没有人比得上这种超级梦幻的家长。尤其如果我们发现自己花的大部分时间,只不过是为了努力熬下去；发现自己在生日聚会结束时，会吹胡子瞪眼、面红耳赤地大喊道："如果你们再为争抢这副弓箭多说一句，那谁也拿不到任何礼物！"

如果这些话听起来并不陌生的话，那么我们有一些很棒的消息要告诉你：**那些试图熬下去的时刻，也可以变成帮助孩子成长的时机**。有时，你会觉得那些充满爱的重要时刻（比如与孩子进行一番关于同情心和人格的颇有意义的对话）与管教挑战（比如又来一场作业博弈，或是又要面对一次情绪崩溃的状况）根本扯不到一块。但它们并不是完全不搭边的。你的孩子不尊重人，爱和你顶嘴；你被叫去见校长；你发现墙上全是蜡笔涂鸦：毫无疑问，这些都是要熬过去的时刻。但与此同时，它们也是机遇，甚至是礼物，因为苦熬的时刻也同样是成长的时刻，在这种时候，我们要进行意义重大的家长管教。

## 管教和大脑

通常来说家长对孩子的身体状况是很熟悉的：他们知道体温 37 摄氏度以上就意味着孩子发烧了；他们知道伤口要清理干净才不会感染；他们知道什么食物最能让孩子在临睡前还兴奋不已。

但即使是受了最好的教育，大部分体贴的家长还是缺乏关于孩子大脑的基本知识。这是不是很让人惊奇？尤其你还认识到大脑对孩子生活的每一方面，也是家长所关注的每一方面，比如自律、决策、自我意识、自我训练、人际关系等，都发挥着核心作用。事实上，大脑基本决定着我们是谁、要做什么。

并且，因为我们家长所提供的体验在很大程度上对大脑起着塑造作用，所以了解大脑因管教而生的变化能够帮助我们培养出更为强大而坚韧的大脑。

所以，我们想给你介绍这种全脑观。我们会阐述几个关于大脑的基本概念，并帮助你把这些新知识付诸应用，以使管教变得更加轻松且有意义。我们不是说有了全脑的方法傍身，就可以逃开伴随养育孩子而来的所有挫折。**但是，只要理解一点简单易学的大脑运作基础知识，你就能更好地去理解孩子，更为高效地去对困境做出反馈，并且为孩子的社交、情绪及精神健康打好基础。**作为家长，你所做的事情很重要，而我们会给你提供简单的、以科学为依据的观念，帮助你与孩子构建起牢固的亲子关系。这种关系能够帮助孩子塑造一个优秀的大脑，并给他那健康而愉快的人生打下最坚实的基础。

## 什么是整合？为什么它那么重要

大部分人都未曾思考过，我们的大脑是由许多不同的部分组成的，这些部分分别负责不同的职能。比如，左脑是帮助你进行逻辑思考，并将思绪组织成句的；而右脑能帮助你体会到情绪，并读出非言语的暗示。你有一个"爬虫类脑"，它能让你依直觉而行动，并做出瞬间的生存反应；你还有一个"哺乳类脑"，它能助你进行情感连接以及人际关系方面的活动。大脑的一个部分用于处理有关记忆力的问题，另一个部分用来做出道德伦理方面的决策。大脑像是有多重人格：有些是理性的，有些是非理性的，有些懂得反省，有些非常逆反。无怪乎我们在不同的时候看上去就好像不同的人!

　　成长的关键就在于将这些部分整合起来,帮助它们好好合作。整合能够调动你大脑中的这些部分,并将它们融合成一个整体来运作。这有点像人的身体,不同器官行使着不同职能:肺呼吸空气,心脏输送血液,胃消化食物。要使身体保持健康,这些器官就需要被整合在一块。换句话说,它们需要各尽其能,同时又要齐心协力。整合其实很简单:将不同的元素连缀在一起,形成一个运作良好的整体。就如健康的身体一样,除非不同的部分能够协调而均衡地合作,要不然你的大脑就没法进入最佳的工作状态。这就是整合的作用,它能协调、平衡大脑里连缀在一起的各个部分。如果孩子此时不在整合状态,那是很容易看出来的,因为他们会被情绪压垮,会变得疑惑且烦乱。他们无法冷静而干练地去应对眼前的情况。缺乏整合(又被称为"非整合")的结果就是发怒、情绪崩溃、攻击性行为,以及其他小至管教大至生活中会出现的各种难缠问题。

　　我们想要帮助孩子进入更完美的整合状态,这样他们就能更为协调地去使用自己的全部大脑。例如说,我们想要他们进入**水平整合状态**,这样他们的左脑逻辑和右脑情绪就能取得良好的合作了。我们也想要他们进入**垂直整合状态**,这样他们大脑里那生理上来说更上面的部分,即能使他们对自己的行为深思熟虑的部分,就可以和更下面的部分,即与直觉、本能和生存反应有着紧密联系的部分取得合作了。

　　进行整合的方式是很有意思的,虽然大部分人都没有注意过它。近年来,科学家开发的大脑扫描技术让研究者能够以前所未见的方式来研究大脑。这项新技术证实了许多我们之前对大脑的论断。然而，有那么一个意外发现，动摇了神经科学的根基，那就是：我们发现大脑确实是"可塑的"，或者说可锻造的。这意味着经过一段人生旅程（这段旅程并不如我们之前假设的那样仅限于童年），大脑是会发生机体上的改变的。

是什么锻造了我们的大脑？体验。即使年纪大了，体验还是会确确实实地改变大脑的生理构造。我们在遭逢一段体验时，大脑干细胞（我们称之为神经元）就会活跃起来，或者说被"激活"了。大脑里有上千亿个神经元，平均每一个都与其他神经元之间织就以万计数的连接。从感知图像或声音，到更为抽象的思维和推理，大脑回路被激活的方式决定着精神活动的性质。神经元一起被激活时，会在互相之间生成新的连接。随着时间推移，这些由激活而生的神经元连接会带来大脑中的一场"再连接"。这个消息相当令人振奋。这意味着我们余下的人生里不会再被此时大脑的运作方式所钳制，也就是说我们可以进行再连接，这能让我们过得更加健康愉快。这个道理不仅适用于孩子与青少年，也适用于每一个年龄段的每一个人。

现在，孩子的大脑会经常产生连接和再连接，而你所给予的那些体验对形成良好的大脑构造颇有帮助。没压力了吧？别担心啦。造物主给大脑设定了基本结构，能让我们合理饮食，休息，感知生理刺激。基因在个人成长，尤其是性格方面，起到了重要的作用。但是，发展心理学的各个领域都有研究成果支持说每一件发生在我们身上的事情，例如听到的音乐、爱着的人、读到的书、接受的管教类型、感受到的情绪，都会对大脑的发展起到深刻影响。换句话说，在我们的大脑基本结构和先天秉性之上，家长能做的还有很多，他们可以通过给予的各种体验来帮助孩子开发一个坚韧且整合到位的大脑。而这里会给你展示要如何使用日常体验来帮助孩子的大脑整合得越来越好。

举例来说,如果家长跟孩子谈论他们的体验,那孩子就更可能会对这些记忆有更好的了解。家长如果会与孩子谈论他们的感受,那么孩子就会有更高的情商,就会更能充分理解自身以及他人的感受。对害羞的孩子来说,如果家长愿意带他们对这个世界进行鼓励性的探索,以培养他们的勇气,那么他们就更有可能克服自己的行为抑制,而如果父母过分地保护孩子,或者鲁莽地给他们施加一些会激起焦虑情绪的体验,却不给予孩子一点支持,那么他们就会仍然那么怕羞。

关于儿童发展和依恋课题的广大科学领域以及神经可塑性领域的新发现都支持这一论点,即父母可以通过所给予的体验直接左右孩子大脑目前的发展。比如说,花大量时间对着屏幕打电玩、看电视、发短信,这些行为会促使大脑形成特定的连接。教育活动,运动和音乐又会促成另外的连接。与家人朋友聚会,学习处理人际关系,尤其是面对面的接触,也会带来另一种连接。发生在我们身上的每一件事都会影响大脑发展的方向。

"连接–再连接"的过程也是整合的过程:它给予孩子大脑的不同部分之间创建连接的体验。这些部分在协作时,会创造并加固能够将大脑的不同部分连接在一起的整合纤维。于是,它们之间的连接就变得更为强韧,合作起来也更为和谐。正如合唱团的各位歌手能够用各异的声音编织出一个人绝不可能完成的美妙和声那样,整合的大脑所能做到的,要远远多过各个部分自己能做到的。

帮助孩子将大脑变得更加整合，以使他们能够使用自己的精神资源开发出全部的能力，这就是我们想要对每一个孩子做的事情。有了对大脑的了解，你在甄选教学内容、选择反馈方式和追寻选择这种方式的原因时，就会更加有针对性。然后你可以做的，就不仅仅是挺住了。你给予他们的重复体验帮助他们达到了整合状态，所以你以后就无须再面对那么多管教危机啦。不仅如此，对整合概念的理解能够让你更加深入地了解自己的孩子，更加高效地对困境做出反馈，更加有目的性地给他那充满爱与欢乐的人生打好基础。最终，不仅是孩子，你和你的一家人，都可以在他这段长大成人的征途里成长起来。